LIVRE

DES POSTES D'ESPAGNE

ET

DE PORTUGAL.

LIVRE

DES POSTES D'ESPAGNE

ET

DE PORTUGAL,

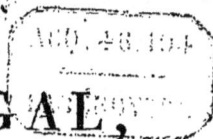

EN ESPAGNOL ET EN FRANÇAIS,

Indiquant les Routes de Postes montées et celles non montées, la distance en lieues d'un Relais à un autre, et celle de Madrid à chacun d'eux;

Précédé d'une Instruction sur la manière de voyager en Poste, et sur les frais à payer :

Et accompagné d'une Carte, qui, indépendamment des Routes de Postes, donne aussi les Routes itinéraires de ces deux Royaumes.

Par CH. PICQUET,

GÉOGRAPHE-GRAVEUR DU CABINET TOPOGRAPH. DE S. M. L'EMPEREUR ET ROI, ET DE S. M. LE ROI DE HOLLANDE.

A PARIS,

Chez
{
L'Auteur, Quai de la Monnaie, n°. 17, près le Pont des Arts.
MAGIMEL, Libraire pour l'Art Militaire, rue de Thionville, n°. 9.

1810.

AVERTISSEMENT.

L<small>E</small> Guide général des Postes d'Espagne de D. Bernardo Espinalt y Garcia, commissaire-ordonnateur-honoraire des armées royales, et administrateur principal des Courriers de la ville de Valence et de son royanme, imprimé à l'imprimerie royale avec l'approbation supérieure, et publié à Madrid sous les auspices du conseiller du roi, Surintendant des Courriers et des Postes d'Espagne et des Indes, a servi de base à celui que nous offrons au public.

Les titres et qualités de son auteur, ainsi que ceux du personnage à qui il a été dédié, sont faits pour inspirer la plus grande confiance, et nous portent à croire que c'est rendre service à tous ceux que les circonstances présentes appellent dans l'intérieur de ce pays, particulièrement à tous les officiers employés à l'armée d'Espagne, que de leur offrir un guide sûr, à l'aide duquel ils puissent se diriger dans leurs marches.

L'ouvrage que nous donnons n'est pas une traduction littérale de celui que nous venons de citer; notre intention a été de le rendre plus commode, plus précis

a

et plus clair ; pour cet effet, nous l'avons augmenté dans toutes les parties où il nous a paru susceptible de l'être ; 1°. en indiquant dans le titre ou dans des notes placées à la fin de chaque route la nature de chacune d'elles : 2°. en décrivant tout au long les routes directes pour les villes les plus importantes, à partir de Madrid jusqu'à l'arrivée ; par là nous avons évité les recherches et les renvois toujours ennuyeux et désagréables dans ces sortes d'ouvrages ; 3°. en donnant trente-huit routes particulières de quelques villes frontières et ports de mer d'Espagne jusqu'à Madrid et autres villes principales de ce royaume, avantage que le Guide des Postes, imprimé à Madrid, n'offre point.

Il nous a aussi paru utile de faire ici des observations sur la prononciation de quelques lettres de l'alphabet espagnol ; par exemple : la lettre ñ, ainsi accentuée et qui se trouve dans beaucoup de noms, particulièrement dans ceux de *Ocaña*, *Bañeza*, se prononce comme *gn*. En conséquence, on doit prononcer comme s'ils étaient écrits *Ocagna*, *Bagneza*. Le *g* se prononce du gosier, lorsqu'il précède les lettres *e*, *i*. Les lettres *j* et *x* ont la prononciation gutturale devant toutes les voyelles ; c'est pourquoi *Aranjuez*, *Badajoz* se prononcent *Arangouez*, *Badagoz*. L'*u* prend le son de *ou*, ainsi les noms de *Guarroman*, *Cuerva*, *Guardia*, se prononcent *Gouarroman*, *Couerva*, *Gouardia*. Le *b* a la même prononciation que le *v*.

Les principes grammaticaux n'étant pas de la compétence de cet ouvrage, nous engageons les personnes qui desireront connaître plus précisément la prononciation des lettres que nous venons de citer, à avoir recours à une grammaire.

Pour le plus grand avantage de ceux qui feront usage du présent Livre des Postes, sur-tout dans le pays, nous avons accompagné l'Instruction sur la manière de voyager en Espagne, ainsi que les titres des Routes et les notes placées dans le cours de l'ouvrage, de la traduction espagnole. A l'égard des noms des Relais, il nous a paru convenable de les écrire conformément à l'usage du pays ; seulement nous avons, dans les diverses tables, donné la traduction en français de ceux qui en étaient susceptibles, afin d'indiquer aux personnes qui pourraient ignorer la manière dont les noms de quelques villes s'écrivent en espagnol, la facilité de les trouver dans le présent livre.

Indépendamment des Routes des Postes indiquées sur la Carte qui accompagne cet Ouvrage, nous y avons aussi tracé des Routes itinéraires; savoir : en Espagne, d'après le Guide des Routes de ce royaume, de Joseph Matias Escribano, imprimé avec permission à Barcelonne en 1796 ; et en Portugal, d'après la carte itinéraire de ce royaume, faite à Lisbonne, par ordre de S. Exc. Monseigneur le Duc d'Abrantès, par les ingénieurs militaires employés à l'armée de Portugal, et d'après la

notice géographique des Routes de ce royaume, de D.
Pedro Rodriguez Campomanes.

Nous croyons aussi devoir prévenir que nous avons
fait usage, tant pour le Livre que pour la Carte, des
renseignemens qui nous ont été communiqués par différentes personnes, notamment par M[r]. le comte-séna-
teur Beurnonville, ex-ambassadeur de France à Madrid ;
par M[r]. l'adjudant-commandant Bacler-Dalbe : nous
devons aussi nommer M. Château, aide-de-camp de S.
Exc. le Maréchal Victor, qui nous a indiqué les changemens survenus depuis l'entrée des Français dans ce pays,
tant dans la direction et l'établissement de quelques nou-
velles Routes, que dans le déplacement de plusieurs lieux
de Relais, particulièrement la route de Madrid à Bayonne
par Ségovie, celles de Madrid à Aranjuez, de Madrid à
Tolède, de Tolède à Aranjuez, ainsi que de Tolède à
celles de Cadix et de Badajoz.

Quant à la division civile de l'Espagne, nous avons
suivi celle que donne Lopez ; c'est d'après lui que nous
avons dressé le Tableau qui accompagne la Carte sur
laquelle nous avons pris le soin de les tracer avec exac-
titude, en indiquant toutes les enclaves de chacune des
provinces ; ce qu'aucune carte générale n'a offert jusqu'à présent, pas même celle de Lopez ; nous avons
suivi le même ordre pour le tableau de l'étendue et de
la population de l'Espagne et du Portugal, qui se trouve

placé immédiatement à la suite du présent Avertissement.

Nous croyons aussi qu'il est utile de prévenir que les Lieues indiquées, tant dans le Livre que dans la Carte, sont des Lieues d'Espagne de 17 et demi au degré, dont 3 et demi équivalent à 5 lieues communes de France, de 25 au degré.

En publiant cet Ouvrage, nous n'avons eu d'autre intention que de nous rendre utiles à ceux qui sont obligés en ce moment de parcourir cette partie de l'Europe ; nos desirs seront accomplis, si les soins que nous y avons portés peuvent leur être agréables et mériter leurs suffrages.

TABLEAU de la Population et de la superficie des Provinces d'Espagne et de Portugal, à la fin du 18e. siècle.

NOMS DES PROVINCES.	NOMBRE D'HABITANS.	ÉTENDUE en lieues carrées.	NOMBRE d'habitans par lieue carrée.
ESPAGNE.			
NOUVELLE CASTILLE, Province de Madrid. . . .	228,520	110	2,078
de Tolède.	370,641	734	505
de Guadalaxara..	121,115	163	743
de Cuenca. . . .	294,290	945	311
de la Manche. . .	205,548	631	326
VIEILLE CASTILLE, Province de Burgos.	470,588	642	734
de Soria.	198,107	341	581
de Ségovie. . . .	164,007	290	566
d'Avila.	118,061	215	549
ROYAUME DE LÉON. Principauté des Asturies. . . .	364,238	308 ½	1,180
Province de Léon.	239,812	493	486
de Plasencia. . .	118,064	145	814
de Toro.	97,370	165	590
de Valladolid. . .	187,390	271	692
de Zamora. . . .	71,401	133	537
de Salamanque...	209,988	471	446
ROYAUME DE GALICE.	1,142,630	1,330	859
PROVINCE DE L'ESTRAMADURE. . .	428,493	1,199	357
ANDALOUSIE. Royaume de Séville.	746,221	752	992
de Cordoue. . . .	252,028	348	724
de Jaen.	206,807	268	772
de Grenade. . . .	692,924	805	861
Colonie de la Sierra-Morena.	6,196	108	57
ROYAUME DE MURCIE.	383,226	659	582

NOMS DES PROVINCES.	NOMBRE D'HABITANS.	ÉTENDUE en lieues carrées.	NOMBRE d'habitans par lieue carrée.
SUITE DE L'ESPAGNE.			
COURONNE D'ARAGON. Principauté de Catalogne. . .	858,818	1,003	856
Royaume d'Aragon.	657,376	1,232½	534
de Valence. . . .	825,059	643	1,283
Iles de Majorque et de Cabrera.	140,699	112	1,256
de Minorque.	30,990	20	1,550
d'Ivice et de Formentera..	15,290	15	1,019
ROYAUME DE NAVARRE.	221,728	205	1,082
PROVINCES BASQUES. Seigneurie de Biscaye. . .	111,436	106	1,051
Province de Guipuscoa. . .	104,491	52	2,009
d'Alava.	67,523	90½	746
Totaux. . . .	10,351,075	15,005½	690
PORTUGAL			
Province de l'Estramadure. . . .	826,680	823	1,004½
de Beira.	1,121,595	753	1,489½
d'Entre-Duero et Minho.	907,965	291½	3,115
de Tras-los-Montes. . . .	318,665	455	700
d'Alentejo.	380,480	883	431
Royaume des Algarves.	127,615	232	550
Totaux. . . .	3,683,000	3,437½	1,071

Nota. Le présent Tableau est extrait des Elémens de la Géographie astronomique, naturelle et politique de l'Espagne et du Portugal, par Isidore de Antillon, publiée à Madrid en 1808, 1 vol. in-8°.

Une Carte manuscrite de l'Espagne, dressée par D. Juan-Joseph Ordova, en 1807, donne la population des Provinces d'Espagne, d'après le recensement fait en 1801, conforme à celle portée ci-dessus, excepté pour les Provinces ci-après; savoir: celles de Madrid à 231,473, de Tolède à 374,867, de Ségovie à 167,863; celle de Léon n'est portée qu'à 232,812. Suivant cette même Carte, la population totale du Royaume de Portugal n'est que de 1,818,000.

INSTRUCCION

Necesaria para viajar en Posta en las diferentes Provincias de España, sea con Caballos proprios, ó pertenecientes al Real servicio.

———

NO hay Postas establecidas para Coches en el Reyno de España, sinó en las Carreras de Madrid á Cadiz, y á los Sitios Reales; todas las otras no son sinó para los que Viajan á Caballo.

Las Carreras de Postas son de dos maneras. Las grandes Carreras, llevan el título de Postas montadas. Las otras llevan el título de postas no montadas, porque en efecto, no se halla alguna que lo sea en estas últimas.

Las Postas ó Paradas montadas son aquellas en donde los Dueños de Posta estan obligados á tener siempre Caballos dispuestos para el servicio, y en caso que no puedan proveer el número necesario, deben procurar los Magistrados, pagando á los Propietarios respectivos de los Caballos asi requeridos, los derechos éstablecidos.

Las Postas ó Paradas no montadas son aquel-

INSTRUCTION

Nécessaire pour voyager en Poste dans les différentes Provinces d'Espagne, soit avec ses propres Chevaux, soit avec ceux appartenans au service Royal.

IL n'y a, dans le Royaume d'Espagne, de Postes établies pour les voitures, que sur les Routes de Madrid à Cadix, et sur celles de Madrid aux différens Châteaux Royaux; toutes les autres ne le sont que pour les Voyageurs à cheval.

Les Routes de Postes sont de deux espèces.

Les grandes Routes portent le titre de Postes montées. Les autres portent celui de Postes non montées, parce que sur ces dernières il n'y a aucun Relais qui soit monté.

Les Postes ou Relais montés, sont ceux où les Maîtres de Poste sont obligés d'avoir toujours des Chevaux disponibles pour le service; s'il arrive qu'ils ne puissent en fournir le nombre nécessaire, les Magistrats des lieux sont tenus d'en procurer, des chevaux ainsi requis en payant aux propriétaires les droits établis.

Les Postes ou Relais non montés, sont ceux où

b

las en donde la Posta no tiene Caballos desti-
nados para el servicio, y en donde estan obligados los magistrados á proveer los necesarios á
los Viajantes, como queda dicho, pagando á sus
Propietarios los mencionados derechos.

Los gastos de la Posta se pagan por legua y no
por Posta; el precio es en todas partes el mismo,
excepto en las provincias de la Corona de Aragon
y en la Navarra, en donde es preciso pagar un
real vellon más por cada legua.

Al salir de Madrid hasta la primera Parada de
cada Carrera, las leguas comprendidas en dichas
Carreras se pagan doble; lo mismo sucede en la
primera Posta de cada uno de los Sitios Reales,
solamente quando la corte se halla en ellos.

La Ciudad de Madrid, situada en el centro de
España, es el punto de donde salen todas las
Carreras del Reyno: consiguientemente, las dis-
tancias por leguas se cuentan al salir de la Capital, hasta cada Parada ó estacion de Postas;
de suerte que en un instante se puede ver la
distancia en leguas que hay desde Madrid, al lugar
á donde se quiere ir.

Siendo mas frequentadas las Carreras de Postas de Madrid á los Sitios Reales que las otras
Carreras del Reyno, nos ha parecido darlas se-
paradamente, como tambien las de comunica-

la Poste n'a point de Chevaux destinés pour le service, et où les Magistrats sont obligés de fournir, comme ci-dessus, les Chevaux nécessaires aux Voyageurs, en payant aux Propriétaires les droits précités.

Les frais de postes se payent par lieue et non par Poste, le prix est par-tout le même, excepté dans les Provinces de la Couronne d'Aragon et dans la Navarre, où l'on est obligé de payer un réal veillon (25 centimes) de plus par chaque lieue.

A partir de Madrid au premier Relais de chaque Route, les lieues qui y sont comprises se payent double, il en est de même pour celles de la première Poste de chacun des Châteaux Royaux, seulement lorsque la Cour y fait sa résidence.

La ville de Madrid située au centre de l'Espagne, est le point d'où partent toutes les Routes du Royaume; en conséquence les distances en lieues sont comptées à partir de la Capitale à chacun des Relais ou Stations de postes; de sorte qu'à l'instant on peut voir la distance en lieues qu'il y a de Madrid au lieu où l'on veut aller.

Les Routes de Postes de Madrid aux Châteaux Royaux étant plus fréquentées que les autres Routes du Royaume, il a paru convenable de les donner séparément, ainsi que celles de communications

ciones de los dichos Sitios, á las otras Carreras
principales de España.

Se puede correr la Posta con sus Caballos proprios, ó de alquiler, ó con los Caballos pertenecientes á la Posta.

Para viajar con Caballos que no pertenecen
á la Posta , se han hecho las observa-
ciones siguientes :

La Persona que quisiere viajar con otros Caballos que los del Servicio Real, estará obligada
á obtener la permision, si es para salir del Reyno,
de su Excelencia el Señor Ministro Secretario de
Estado, Superintendente de Postas; si es para
viajar al centro del Reyno, deberá la Persona
tener dicha licencia de los Directores generales
de Madrid; y en las Provincias, para ir de una
Ciudad á otra, recurrirá á los Administradores
del lugar de donde sale.

En Madrid en todos tiempos, y en los Sitios
Reales, solamente quando la Corte está en ellos,
las permisiones se pagan conformemente al Decreto de 1799 á razon de 40 reales, por cada
individuo; y en todos los otros lugares del Reyno,
37 reales y medio tambien por persona; y aun
quando una sola permision seria dada para mas
individuos, cada uno de los que estan compren-
didos no menos está obligado á pagar el precio

desdits Châteaux aux autres Routes principales de l'Espagne.

On peut courir la Poste avec ses propres Chevaux ou autres de louage, ou avec ceux appartenans à la Poste.

Pour voyager avec des Chevaux autres que ceux de la Poste , on fait les observations suivantes :

La Personne qui voudra voyager avec d'autres Chevaux que ceux du Service Royal, sera obligée, si c'est pour sortir du Royaume , d'en obtenir la permission de S. E. le Ministre Secrétaire d'Etat, Surintendant des Postes; si c'est pour voyager dans l'intérieur du Royaume, elle s'adressera à Madrid, aux Directeurs généraux, et dans les Provinces, pour aller d'une ville à l'autre, elle aura recours aux Administrateurs du lieu de départ.

A Madrid, en tout temps, et aux Châteaux Royaux , seulement quand la Cour y est, les permissions se payent conformément au décret de 1799, à raison de 40 réaux (10 francs) par individu; et dans tous les autres lieux du Royaume, 37 réaux $\frac{1}{2}$ (9 francs 37 cent. $\frac{1}{2}$) aussi par personne; et quand même une seule permission serait délivrée pour plusieurs individus, chacun de ceux qui y sont compris, n'en est pas moins obligé d'en

dicho, aun quando los unos fuesen criados de los otros, solamente se ahorra el precio de los Caballos, porque en este caso basta un solo Postillon, en el caso contrario seria menester á cada Viajero dos Caballos, uno para él, y otro para el Postillon.

Para ir de Madrid á los Sitios Reales y otros lugares, y de los Sitios Reales á qualquier otro lugar, es menester obtener la permision de la Administracion de la Posta, tanto en Madrid, como en dichos Sitios Reales.

Independientemente del precio de dichas permisiones, se deberá pagar á cada Maestro de Posta, es á saber: 12 reales $\frac{1}{2}$ por cada legua en las Provincias de la Corona de Aragon y en la Navarra; y 11 reales $\frac{1}{2}$ tambien por legua en todas las otras Provincias de España; se paga tambien al Postillon las agujetas segun la generosidad de los Viajantes, sin que sea con todo menos de 2 reales por Posta.

Si se quiere enviar un despacho por su propria cuenta, será menester obtener y pagar la permision, como queda arriba dicho; esta permision hará mencion del nombre del enviado, el qual debe ser necesariamente uno de los Correos, ó un Conductor de Correspondencia nombrado por el gabinete; en este caso, se paga por cada legua y por dos Caballos 23 reales $\frac{1}{2}$, y 24 reales $\frac{1}{2}$ en

payer le prix mentionné ci-dessus, malgré que les uns pourraient être les domestiques des autres, seulement on épargne le prix des Chevaux, parce que dans ce cas, un seul Postillon suffit; dans le cas contraire, il faudrait à chaque Voyageur deux Chevaux, un pour lui et un pour le Postillon.

Pour aller de Madrid aux Châteaux Royaux et autres lieux, et des Châteaux Royaux à tous les endroits quelconques, il faut que la permission soit accordée par l'Administration de la Poste, tant à Madrid qu'auxdits Châteaux Royaux.

Indépendamment du prix desdites permissions, on est obligé de payer à chaque Maître de poste, savoir: 12 réaux ½ (3 francs 12 cent. ½) par chaque lieue, dans les Provinces de la Couronne d'Aragon et dans la Navarre, et 11 réaux ½ (2 francs 87 cent. ½), aussi par lieue, dans toutes les autres Provinces d'Espagne; on paye aussi au Postillon le pour-boire qui est à la générosité des Voyageurs, sans néanmoins qu'il soit moindre de 2 réaux (50 cent.) par Poste.

Si on veut envoyer une dépêche pour son propre compte, il faut obtenir et payer la permission, comme il est dit ci-dessus; cette permission désigne le nom de l'envoyé, lequel doit être nécessairement un des Courriers, ou bien un Conducteur de Correspondance nommé par le Cabinet; dans ce cas, on paye par chaque lieue et pour deux Chevaux, 23 réaux ½ (5 francs 87 cent. ½), et 24

las Provincias de la Corona de Aragon y en la Navarra, sin perjuicio de la primera posta que se paga doble quando se sale de Madrid, y de los Sitios Reales, quando se halla la Corte en ellos.

Si la Persona que se envia no vuelve, se pagará por la vuelta del Postillon, con un Caballo, 6 reales $\frac{1}{2}$ por legua en las Provincias de la Corona de Aragon, y en la Navarra, y 5 reales $\frac{1}{4}$ por las otras leguas de la Carrera; ademas se pagará las agujetas del Postillon á razon de 2 reales por Posta, y al Correo, 15 reales por cada dia que será detenido en el lugar de su llegada, hasta que vuelva á ser expedido de allí.

Ademas de lo que se ha de pagar al Correo por la persona que lo expide, está obligado á pagar al Rey el derecho decimal sobre la suma total del dicho viage.

Supongamos que se quiera enviar un Correo de Madrid á Barcelona, para ir y volver, se deberán reglar los gastos de la manera siguiente.

réaux $\frac{1}{2}$ *(6 francs* 12 *cent.* $\frac{1}{2}$ *), dans les Provinces de la Couronne d'Aragon et dans la Navarre, sans préjudice de la première Poste qu'on paye double quand on part de Madrid et des Châteaux Royaux, lorsque la Cour y est.*

Si la Personne qu'on envoie ne revient pas, on paiera pour le retour du Postillon avec un Cheval, 6 *réaux* $\frac{1}{2}$ *(1 franc* 62 *cent.* $\frac{1}{2}$ *) par lieue dans les Provinces de la Couronne d'Aragon et dans la Navarre, et* 5 *réaux* $\frac{3}{4}$ *(1 franc* 43 *cent.* $\frac{1}{4}$ *) pour les autres lieues de la Route; en outre on paiera le pour-boire du Postillon à raison de* 2 *réaux (50 cent.) par Poste; de plus au Courrier,* 15 *réaux (3 francs* 75 *cent.) pour chaque jour qu'il sera retenu au lieu de son arrivée, jusqu'à ce qu'il soit réexpédié.*

Outre ce qui doit être payé au Courrier par la Personne qui l'expédie, on est obligé de payer au Roi le droit décimal sur la somme totale dudit voyage.

Supposons qu'on veuille expédier un Courrier de Madrid à Barcelonne pour aller et revenir, on en réglera les frais de la manière suivante :

1º. Por las 30 leguas de Madrid á Arcos, á
razon de 11 reales $\frac{1}{2}$ por legua, por los dos Ca-   Reales.
ballos, el del Correo y el del Postillon.   345

Por las mismas leguas de vuelta de Arcos á
Madrid.   345

2º. Por las 80 leguas de Arcos á Barcelona en
la Corona de Aragon, á razon de 12 reales $\frac{1}{2}$. . .   1000

Por las mismas 80 leguas de vuelta de Bar-
celona á Arcos.   1000

Suma total.   2690

3º. Por el derecho que se paga al Rey, que
es la décima parte de la suma total arriba dicha. .   269.

4º. Por las 4 leguas de la primera Posta de
Madrid á Torrejon de Ardoz, que se pagan el
doble, á razon de 11 reales $\frac{1}{2}$ por legua.   46

Total general.   3005

A esta suma se añadirá por el Correo tantas
veces 15 reales como aquel dias haya sido detenido desde su llegada á Barcelona hasta el
instante en que haya sido despachado por
su vuelta: se verá el importe total de los gastos
de dicha Carrera; no obstante las agujetas que
se deben haber pagado al Postillon por cada
Posta.

Si el viage es para ir y no volver, se arreglaran
los gastos de la manera siguiente:

1°. *Pour les* 30 *lieues de Madrid à Ar-cos, à raison de* 11 *réaux* ½, 2 *f.* 87 *c.* ½, *par lieue pour les deux Chevaux, celui du Courrier et celui du Postillon.* . . .

	Réaux.	fr.	c.
1°. Madrid à Arcos	345	86	25

Pour les mêmes 30 *lieues en retour d'Arcos à Madrid.* . . . .

| | 345 | 86 | 25 |

2°. *Pour les* 80 *lieues d'Arcos à Barcelonne, dans la Couronne d'Aragon, à raison de* 12 *réaux* ½ (3 *fr.* 12 *c.* ½)..

| | 1000 | 250 | » |

Pour les mêmes 80 *lieues en retour de Bercelonne à Arcos.* . . . .

| | 1000 | 250 | » |

Somme totale. . . .

| | 2690 | 672 | 50 |

3°. *Pour le droit à payer au Roi, qui est le dixième de la somme totale ci-dessus.* . . . .

| | 269 | 67 | 25 |

4°. *Pour les* 4 *lieues de la première Poste de Madrid à Torrejon de Ardoz, qui se payent doubles, à raison de* 11 *réaux* ½ (2 *fr.* 87 *c.* ½) *par lieue.* . . .

| | 46 | 11 | 50 |

Total général. . . .

| | 3005 | 761 | 25 |

A cette somme on ajoutera pour le Courrier, autant de fois 15 *réaux* (3 *francs* 75 *cent.*), *qu'il aura été retenu de jours, depuis son arrivée à Barcelonne jusqu'à l'instant où il aura été réexpédié: on aura alors le montant total des frais de ladite route, nonobstant le pour-boire du Postillon, qui a dû lui être payé à chaque Poste.*

Si le voyage est pour aller et non revenir, les frais seront réglés comme il suit:

1°. Por las 30 leguas de Madrid á Arcos, á 11 reales ½ por legua por dos Caballos, el uno para el Correo y el otro para el Postillon. . . . . **Reales.** 345

2°. Por las 80 leguas de la Corona de Aragon, desde Arcos hasta Barcelona, á razon de 12 reales ½ por cada legua. 1000

Total. 1345

3°. Por el derecho que se paga al Rey, que es la décima parte de la dicha suma. 134½

4°. Por la vuelta del Postillon con un Caballo, á razon de 6 reales ¼ por legua, las 80 leguas de Barcelona á Arcos. 500

5°. Por las 30 leguas de Arcos á Madrid, á razon de 5 reales ¾ por legua. 172½

6°. Por las 4 leguas de la primera Posta de Madrid á Torrejon de Ardoz, que se pagan el doble, á razon de 11 reales ½ por legua. 46

Total general. 2198

A lo qual se ha de añadir las agujetas del Postillon.

Por consiguiente, lo mismo sucedera en todas las Carreras de Madrid á los otros lugares de las Provincias de la Corona de Aragon y de la Navarra; en quanto á las de las otras Provincias de España, el cálculo será menos dificil, siendo el mismo el precio de la legua por todas las otras Carreras del Reyno.

	fr.	c.
1°. *Pour les* 3o *lieues de Madrid à Arcos, à* 11 *réaux* ½ (2 *fr.* 87 *c.* ½) *par lieue pour deux Chevaux, l'un pour le Courrier et l'autre pour le Postillon...* 345	86	25
2°. *Pour les* 80 *lieues de la Couronne d'Aragon, depuis Arcos jusqu'à Barcelonne, à raison de* 12 *réaux* ½ (3 *fr.* 12 *c.* ½) *par lieue.* 1000	250	»
Total. . . 1345	336	25
3°. *Pour le droit à payer au Roi, qui est le dixième de ladite somme...* 134½	33	25¼
4°. *Pour le retour du Postillon avec un Cheval, à raison de* 6 *réaux* ¼ (1 *fr.* 56 *c.* ¼) *par lieue, les* 80 *lieues de Barcelonne à Arcos.* 5oo	125	»
5°. *Pour les* 3o *lieues d'Arcos à Madrid, à raison de* 5 *réaux* ¾ (1 *f.* 43 *c.* ¾) *par lieue.* 172½	43	12½
6°. *Pour les* 4 *lieues de la première Poste de Madrid à Torrejon de Ardoz qui se payent double, à raison de* 11 *réaux* ½ (2 *fr.* 87 *c.* ½) *par lieue..* 46	11	5o
Total général. 2198	549	5o

A quoi il faut ajouter les pour-boires des Postillons.

Il en sera de même pour toutes les routes de Madrid aux autres lieux des Provinces de la Couronne d'Aragon et de la Navarre ; quant à celles des autres Provinces d'Espagne, le calcul en sera moins difficile, le prix de la lieue étant le même pour toutes les autres Routes du Royaume.

Se viaja con los Caballos del Real servicio
de la manera siguiente:

1.º Se paga á un Correo de Gabinete quando
es expedido por cuenta de la Administracion,
22 reales $\frac{1}{2}$ por legua por dos Caballos, y si
el viage no es sinó para ir, se le paga por
su vuelta con un Caballo, á razon de 5 reales $\frac{3}{4}$ por
legua en todas las Provincias del Reyno, excepto
en las de la Corona de Aragon y en la Navarra,
donde se paga 6 reales $\frac{1}{4}$.

2.º Se paga á un Conductor de Correspondencia quando es igualmente por la cuenta del
Real Servicio, á razon de 20 reales por legua por dos
Caballos; y si el viage no es sino para ir, se le paga
para su vuelta con un Caballo el mismo precio
que está explicado mas arriba para el Correo de
Gabinete, conformemente al decreto de 1799.

Se observa que no se paga al Rey el derecho
decimal sinó en virtud de un uso establecido.

Estos derechos como los de las permisiones
de que se ha hablado en esta instruccion deben
ser pagados en los bureos respectivos, es á saber:
siempre en Madrid para todas las Carreras del
Reyno á los Sitios Reales, quando la Corte se

On voyage avec des Chevaux du service Royal, de la manière suivante :

1.º *On paye à un Courrier de Cabinet, quand il est expédié pour le compte de l'Administration, 22 réaux $\frac{1}{2}$ (5 francs 62 cent. $\frac{1}{2}$) par lieue, pour deux Chevaux, et si le voyage n'est que pour aller, on lui paye pour son retour avec un Cheval, à raison de 5 réaux $\frac{3}{4}$ (1 franc 43 cent. $\frac{3}{4}$) par lieue dans toutes les parties du Royaume, excepté dans celles de la Couronne d'Aragon et dans la Navarre, où l'on paye par lieue, 6 réaux $\frac{1}{4}$ (1 franc 56 cent. $\frac{1}{4}$).*

2.º *On paye à un Conducteur de Correspondance, quand il est également expédié pour le compte du Service Royal, à raison de 20 réaux (5 francs) par lieue, pour deux Chevaux ; et si le voyage n'est que pour aller, on lui paye pour son retour avec un Cheval, le même prix que celui mentionné ci-dessus pour le Courrier du Cabinet, conformément au décret de 1799.*

On observe que ce n'est qu'en vertu d'un usage établi, que l'on paye au Roi le droit décimal.

Ces droits, ainsi que ceux des permissions dont il est parlé dans la présente instruction, doivent être payés dans les bureaux respectifs, savoir : à Madrid, dans tous les tems et pour toutes les routes du Royaume aux Châteaux Royaux, lorsque la

halla en ellos; y en las Provincias, al bureo del lugar de donde se parte.

Sobre las Carreras de Postas ó Paradas montadas, los Correos estan obligados á hacer treinta leguas en 24 horas, y sobre las de Paradas no montadas, 25 leguas en el mismo espacio de tiempo.

De Madrid á los Sitios Reales, se puede viajar en Posta en Sillas ó Berlinas á 2 y á 4 ruedas, proprias y pertenecientes á la Administracion, pagando los gastos designados en la tabla que se halla al fin de estas Carreras. Véase página 12 y 13.

El mismo Servicio está etablecido de Madrid á Cadiz y por las Ciudades de Andujar, Córdoba, Ecija, Carmona, Sevilla, Xerez de la Frontera, Puerto de Santa Maria y otros lugares que se encuentran sobre la dicha Carrera, pagando los gastos mencionados en la tabla que se hallará al fin de la Carrera de Madrid á Cadiz. Véase página 62 y 63.

Cour y est ; et dans les Provinces, au Bureau du lieu de Relais d'où l'on part.

Sur les Routes de Postes ou Relais montés, les Courriers sont obligés de faire 30 lieues en 24 heures, et sur celles des Relais non montés, 25 lieues dans le même espace de tems.

De Madrid aux Châteaux Royaux on peut voyager en Poste dans des Chaises ou Berlines à 2 et 4 roues, propres et appartenant à l'Administration, en payant les frais désignés au tableau qui est à la suite de ces routes. Voyez pages 12 et 13.

Le même Service est établi de Madrid à Cadiz, et pour les villes d'Andujar, Cordoue, Ecija, Carmona, Séville, Xeres de la Frontera, Puerto de Santa-Maria et autres lieux qui se rencontrent sur ladite Route, en payant les frais mentionnés au tableau que l'on trouvera à la fin de ladite route de Madrid à Cadiz. Voyez pages 62 et 63.

ERRATA.

ROUTES DE POSTES
D'ESPAGNE ET DE PORTUGAL.

Iʳᵃ. PARTE.	Iʳᵉ. PARTIE.
CARRERAS	ROUTES
DE MADRID	DE MADRID
A los Sitios Reales.	Aux Châteaux Royaux.

Nᵒ. Iᵉʳ.

CARRERA MONTADA	ROUTE MONTÉE
De Madrid à San-Ildefonso.	De Madrid à Saint-Ildefonse.

Paradas. Relais.	Leguas.	Lieues.
De Madrid à Abulagas.		2
à las Matas.	2	4
à la Fonda de la Trinidad.	2	6
à Salineras.	2	8
à Navalejos.	2	10
à Castrejones.	2	12
à San-Ildefonso.	2	14

Nᵒ. 2.

CARRERA MONTADA	ROUTE MONTÉE
De Madrid à Aranjuez.	De Madrid à Aranjuez.

	Leguas.	Lieues.
De Madrid à Valdemoro.		4
à Aranjuez.	3	7

Nº. 3.

CARRERA MONTADA	ROUTE MONTÉE
De Madrid al Escorial.	*De Madrid à l'Escurial.*

Paradas. *Relais.*		Leguas. *Lieues.*
De Madrid à Abulagas.		2
al Puente del Retamar.	2	4
à Galapagar.	$2\frac{1}{2}$	$6\frac{1}{2}$
al Escorial.	2	$8\frac{1}{2}$

Nº. 4.

CARRERA MONTADA	ROUTE MONTÉE
De Madrid al Pardo.	*De Madrid au Pardo.*

De Madrid al Pardo. 2

~~~~~~~~~~~~~~~~~~~~~~~

Comunicaciones de los Sitios reales á Madrid, y á las Carreras principales de España.	*Communications des Châteaux Royaux à Madrid, et aux Routes principales de l'Espagne.*

Nº. 5.

CARRERA MONTADA	ROUTE MONTÉE
De San - Ildefonso à Madrid.	*De Saint - Ildefonse à Madrid.*

De San-Ildefonso à Castrejones.		2
à Navalejos.	2	4
à Salineras.	2	6
à la Fonda de la Trinidad. . .	2	8
à las Matas.	2	10
à Abulagas.	2	12

Paradas. *Relais.*		Leguas. *Lieues.*
De San - Ildefonso à Abulagas. . . . . . . , ...		2 12
à Madrid.		2 14

Si saliendo de San - Ildefonso para ir à algunas otras Ciudades del Reyno, se pasa por Madrid, punto de partida de cada Carrera; se verá en la Tabla alfabética de las Carreras principales, que indicara el número de la que se necesità.	*Si en partant de Saint - Ildefonse pour aller à quelques autres Villes du Royaume, on passe par Madrid, point de départ de chaque Route, on aura recours à la Table alphabétique des Routes principales, qui indiquera le n°. de celle dont on aura besoin.*

N°. 6.

CARRERA MONTADA	*ROUTE MONTÉE*
De San-Ildefonso à las Carreras de Bayona, San-Sebastian, Bilbao, etc.	*De Saint - Ildefonse aux Routes de Bayonne, de Saint-Sébastien, Bilbao, etc.*

De San - Ildefonso à Collado Hermoso.		4
à Velilla.	3	7
à las Navas.	3	10
à Fresnillo de la Fuente. . . .	4	14

Fresnillo es la septima Parada situada á 22 leguas de Madrid, sobre las Carreras de esta capital à las Ciudades de las Provincias de Castilla la Vieja y de la Vizcaya. Véase para la continuacion de cada una de dichas Carreras, los números 24 à 41.	*Fresnillo est le septième Relais situé à 22 lieues de Madrid, sur les Routes de cette capitale aux Villes principales des Provinces de la Vieille Castille et de la Biscaye. Voyez pour la continuation de chacune desdites Routes, les n°⁵. 24 à 41.*

N°. 7.

CARRERA MONTADA	*ROUTE MONTÉE*
De San-Ildefonso à las Carreras de la Coruña, de Lugo, de Leon, etc.	*De Saint - Ildefonse aux Routes de la Corogne, de Lugo, de Léon, etc.*

De San - Ildefonso à Valsequilla.	3½

Paradas. *Relais.*	Leguas. *Lieues.*

De San-Ildefonso à Valsequilla. . . . . $3\frac{1}{2}$

à Villacastin. . . . . $3\frac{1}{2}$ 7

Villacastin es la sexta Parada situada à 15 leguas de Madrid, sobre las Carreras de esta Capital à las Ciudades principales de las Provincias del Reyno de Leon y de la Galicia. Véase para la continuacion de cada una de dichas Carreras, los números 82 à 98.	*Villacastin est le sixième Relais situé à 15 lieues de Madrid, sur les Routes de cette capitale aux Villes principales des Provinces du Royaume de Léon et de la Galice. Voyez pour la continuation de chacune desdites Routes les n°s. 82 à 98.*

N°. 8.

CARRERA MONTADA	*ROUTE MONTÉE*
De San-Ildefonso à las Carreras de Badajoz y de Lisboa.	*De Saint-Ildefonse aux Routes de Badajoz et de Lisbonne.*

De San-Ildefonso à Castrejones. 2

à Navalejos. 2 4

à Salineras. 2 6

à la Fonda de la Trinidad. . . 2 8

à las Matas. 2 10

à Abulagas. 2 12

à Móstoles. 4 16

Móstoles es la primera Parada situada à 3 leguas de Madrid, sobre las Carreras de esta capital à las Ciudades principales de la Estremadura y de Lisboa. Véase para la continuacion de cada una de dichas Carreras, los números 71 à 81.	*Mostoles est le premier Relais situé à 3 lieues de Madrid, sur les Routes de cette capitale aux Villes principales de l'Estramadure et de Lisbonne. Voyez pour la continuation de chacune desdites routes, les n°s. 71 à 81.*

N°. 9.

CARRERA MONTADA	*ROUTE MONTÉE*
De Aranjuez à Madrid.	*D'Aranjuez à Madrid.*

De Aranjuez à Valdemoro. 3

Paradas. *Relais.*	Leguas. *Lieues.*

De Aranjuez à Valdemoro. 3

à Madrid. 4   7

Siendo Madrid el punto de partida de todas las Carreras del Reyno, se verá en la Tabla alfabética de las Carreras principales el número que indicara la que se necessita.	*Madrid étant le point de départ de toutes les Routes du Royaume, on verra à la Table alphabétique des Routes principales le n°. qui indiquera celle dont on aura besoin.*

N°. 10.

CARRERA MONTADA	*ROUTE MONTÉE*
De Aranjuez à las Carreras de Perpiñan, de Valencia, de Badajoz, etc.	*D'Aranjuez aux Routes de Perpignan, de Valence, de Badajoz, etc.*

De Aranjuez à Bayona de Tajuña.   2

à Arganda. 2   6

à Loeches. 2   8

à la Venta de Meco. . . . . $3\frac{1}{2}$ $11\frac{1}{2}$

La Venta de Meco es la secunda Parada situada à 7 leguas $\frac{1}{2}$ de Madrid, sobre las Carreras de esta capital à las Ciudades principales de las Provincias de la Corona de Aragon y de la Navarra. Véase para la continuacion de cada una de dichas Carreras, los números 42 à 51.	*L'auberge de Meco est le second Relais situé à 7 lieues $\frac{1}{2}$ de Madrid, sur les Routes de cette capitale aux Villes principales des Provinces de la Couronne d'Aragon et de la Navarre. Voyez pour la continuation de chacune desdites Routes, les n°s. 42 à 51.*

N°. 11.

CARRERA MONTADA	*ROUTE MONTEE*
De Aranjuez à las Carreras de Badajoz y de Lisboa.	*D'Aranjuez aux Routes de Badajoz et de Lisbonne.*

De Aranjuez à Illescas. . . . . $4\frac{1}{2}$

à Valmojado. . . . . 4 $8\frac{1}{2}$

Valmojado es la tercera Parada situada à 7 leguas de Ma-	*Valmojado est le troisième Relais situé à 7 lieues de Madrid,*

drid, sobre las Carreras de la Estremadura y de Lisboa. Véase para la continuacion de cada una de dichas Carreras, los números 71 à 81.

sur les Routes de l'Estramadure et de Lisbonne. Voyez, pour la continuation de chacune desdites Routes, les n°s. 71 à 81.

N°. 12.

CARRERA MONTADA	ROUTE MONTÉE
De Aranjuez à las Carreras de Badajoz y de Lisboa.	*D'Aranjuez aux Routes de Badajoz et de Lisbonne.*

Paradas. *Relais.*	Leguas. *Lieues.*
De Aranjuez à Toledo.	6
à Maqueda.	6 12

Maqueda es la quinta Parada situada à 12 leguas de Madrid, sobre las Carreras de la Estremadura y de Lisboa. Véase para la continuacion de cada una de dichas Carreras, los números 71 à 81.

Maqueda est le cinquième Relais situé à 12 lieues de Madrid, sur les Routes de l'Estramadure et de Lisbonne. Voyez pour la continuation de chacune desdites Routes, les n°s. 71 à 81.

N°. 13.

CARRERA MONTADA	ROUTE MONTÉE
De Aranjuez à las Carreras de Valencia, Murcia, etc.	*D'Aranjuez aux Routes de Valence, Murcie, etc.*

De Aranjuez à Fuentidueña de Tajo.	7
à Tarancon.	3 10

Tarancon es la quarta Parada situada à 12 leguas de Madrid, sobre las Carreras de Valencia, Alicante, Murcia, etc. Para la continuacion de cada una de dichas Carreras, véase los números 52 à 61.

Tarancon est le quatrième Relais situé à 12 lieues de Madrid, sur les Routes de Valence, Alicante, Murcie, etc. Pour la continuation de chacune desdites Routes, voyez les n°s. 52 à 61.

N°. 14.

CARRERA NO MONTADA	ROUTE NON MONTÉE
De Aranjuez al Convento del Castañar.	D'Aranjuez au Couvent de Castagnar.

Paradas. *Relais.*	Leguas. *Lieues.*	
De Aranjuez à Villamajor.		3
à la Venta de Valdecaba.	2	5
à Chueca.	3	8
à Cuerva.	5	13
al Convento del Castañar.	2	15

N°. 15.

CARRERA NO MONTADA	ROUTE NON MONTÉE
De Aranjuez à Yébenes.	D'Aranjuez à Yébenes.

	Leguas.	Lieues.
De Aranjuez à Castillejo.		2
à la Casa de Arabere.	2	4
à la Casa de los Padres de San-Pedro Mártir.	2	6
à Mora.	2	8
à Yébenes.	2	10

N°. 16.

CARRERA MONTADA	ROUTE MONTÉE
Del Escorial à Madrid.	De l'Escurial à Madrid.

	Leguas.	Lieues.
Del Escorial à Galapagar.		2
al Puente del Retamar.	$2\frac{1}{2}$	$4\frac{1}{2}$
à Abulagas.	2	$6\frac{1}{2}$
à Madrid.	2	$8\frac{1}{2}$

Siendo Madrid el punto de partida de todas las Carreras del Reyno, véase como en la nota aquí arriba, número 9.	Madrid étant le point de départ de toutes les Routes du Royaume, voyez comme à la note ci-dessus, n°. 9.

N.º 17.

CARRERA MONTADA	ROUTE MONTÉE
Del Escorial à las Carreras de Bayona, San-Sebastian, Bilbao, etc.	De l'Escurial aux Routes de Bayonne, Saint-Sébastien, Bilbao, etc.

Paradas. *Relais.*		Leguas. *Lieues.*
Del Escorial à Guadarrama.		2
à Salineras.	2	4
à Chozas.	2½	6½
à Cabanillas.	2	8½

Cabanillas es la tercera Parada situada à 9 leguas ½ de Madrid, sobre las Carreras de esta capital à las Ciudades principales de las Provincias de Castilla la Vieja y de la Vizcaya. Para la continuacion de cada una de dichas Carreras, véase los números 24 à 41.

Cabanillas est le troisième Relais situé à 9 lieues ½ de Madrid, sur les Routes de cette capitale aux Villes principales des Provinces de la Vieille-Castille et de la Biscaye. Pour la continuation de chacune desdites Routes, voyez les n.ᵒˢ. 24 à 41.

N.º 18.

CARRERA MONTADA	ROUTE MONTÉE
Del Escorial à las Carreras de la Coruña, de Lugo, de Leon, etc.	De l'Escurial aux Routes de la Corogne, de Lugo, de Léon, etc.

Del Escorial à Guadarrama. 2

Guadarrama es la quarta Parada situada à 9 leguas de Madrid, sobre las Carreras de esta capital à las Ciudades principales del Reyno de Leon y de la Galicia. Véase como en la nota aqui arriba número 7, los números 82 à 98.

Guadarrama est le quatrième Relais, situé à 9 lieues de Madrid, sur les Routes de cette capitale aux Villes principales du Royaume de Léon et de la Galice. Voyez comme à la note ci-dessus, n.º 7, les n.ᵒʳ. 82 à 98.

N°. 19.

CARRERA MONTADA	ROUTE MONTÉE
Del Escorial à las Carreras de Badajoz y de Lisboa.	De l'Escurial aux Routes de Badajoz et de Lisbonne.

Paradas. *Relais.*	Leguas. *Lieues.*
Del Escorial à Villanueva de la Cañada.	3
à Navalcarnero.	6

Navalcarnero es la segunda Parada situada à 5 leguas de Madrid, sobre las Carreras de esta capital à las Ciudades principales del Reyno de Leon y de la Galicia. Véase como en la nota aqui arriba, números 7, los números 72 à 89.

Navalcarnero est le second Relais situé à 5 lieues de Madrid, sur les Routes de cette capitale aux Villes principales du Royaume de Léon et de la Galice. Voyez comme à la note ci-dessus, n°. 7, les n°°. 72 à 89.

N°. 20.

CARRERA MONTADA	ROUTE MONTÉE
Del Pardo à Madrid.	Du Pardo à Madrid.

Del Pardo à Madrid.	2

Madrid, como se ha dicho siendo el punto de partida de todas las Carreras, véase como en la nota del n°. 5, la Tabla alfabética de las Carreras principales, para las que necesita.

Madrid, comme on l'à déjà dit, étant le point de départ de toutes les Routes, voyez, comme à la note du n°. 5, la Table alphabétique des Routes principales pour celles dont on aura besoin.

Nº. 21.

CARRERA MONTADA	ROUTE MONTÉE
Del Pardo à las Carreras de Bayona, de San-Sebastian, de Bilbao, etc.	Du Pardo aux Routes de Bayonne, de Saint-Sébastien, de Bilbao, etc.

Paradas. *Relais.*	Leguas. *Lieues.*
Del Pardo à Alcobendas.	3

Alcobendas es la primera Parada situada à 3 leguas de Madrid, sobre las Carreras de Castilla la Vieja y de la Vizcaya; véase como en la nota del nº. 6, los números 23 à 32.

Alcobendas est le premier Relais situé à 3 lieues de Madrid, sur les Routes de la Vieille-Castille et de la Biscaye. Voyez comme à la note du nº. 6, les nºˢ. 23 à 32.

Nº. 22.

CARRERA MONTADA	ROUTE MONTÉE
Del Pardo à las Carreras de las Ciudades de la Coruña, Leon, Oviedo, etc.	Du Pardo aux Routes des Villes de la Corogne, Léon, Oviédo, etc.

Del Pardo al Puente del Retamar.	$2\frac{1}{2}$

El Puente del Retamar es la segunda Parada situada à 4 leguas de Madrid, sobre las Carreras del Reyno de Leon y de la Galicia. Véase como en la nota del nº. 7, los números 72 à 89.

Le Pont du Retamar est le second Relais situé à 4 lieues de Madrid, sur les Routes du Royaume de Léon et de la Galice. Voyez comme à la note du nº. 7, les nºˢ. 72 à 89.

Nº. 23.

CARRERA MONTADA	ROUTE MONTÉE
Del Pardo à las Carreras de Badajoz y de Lisboa.	Du Pardo aux Routes de Badajoz et de Lisbonne.

Paradas. Relais.	Leguas. Lieues.
Del Pardo à Abulagas.	$1\frac{1}{2}$
à Móstoles. 4	$5\frac{1}{2}$

Móstoles es la primera Parada situada à 3 leguas de Madrid, sobre las Carreras de esta capital à las Ciudades principales de la Estremadura y de Lisboa. Véase como en la nota del número 8, los números 62 à 72.

Mostoles est le premier Relais situé à 3 lieues de Madrid, sur les Routes de cette capitale aux villes principales de l'Estramadure et de Lisbonne. Voyez comme à la note du nº. 8, les nos. 62 à 72.

PRECIOS

De los Coches, Calesas de Posta y Solitarios, de Madrid
á los Sitios Reales, establicidos por la Superinten-
dencia de Correos y de las Postas del Reyno.

	De Madrid al Pardo.	De Madrid a Aranjuez y al Escorial.	De Madrid á San-Ildefonso.
	Reales de vellon.	Reales de vellon.	Reales de vellon.
Un tiro de seis mulas con un Coche perteneciente al Viajador.	45	294	616
Idem, con un Coche de la Posta.	45	336	700
Quatro Mulas.	39	196	420
Dos Mulas con una Calesa à dos plazas, perteneciente à la Posta.	32	175	364
Idem, de Distincion.	36	189	392
Idem, perteneciente al Viajador.	26	147	308
Idem, con un Solitario, perteneciente à la Posta.	24	126	266
Idem, de Distincion.	28	140	294
Idem, perteneciente al Viajador.	20	98	210

NOTA.

Se han de pagar las agujetas al Tronquista y al Postillon, en cada
Parada; quando corran con tiro, al Tronquista, 4 reales, y al Postillon
dos; si se viaja con Silla de Posta ó Solitario, se ha de pagar quatro
reales por cada Posta.

PRIX

Des Voitures, Chaises de Poste et Solitaires, de Madrid aux Châteaux Royaux, établis par la Surintendance des Courriers et des Postes du Royaume.

	De Madrid au Pardo.		De Madrid à Aranjuez et à l'Escurial.		De Madrid à Saint-Ildefonse.	
	fr.	*c.*	*fr.*	*c.*	*fr.*	*c.*
Un attelage de six Mules avec une Voiture appartenant au Voyageur.	11	25	73	50	154	»
Idem, avec une Voiture de la Poste.	11	25	84	»	175	»
Quatre Mules.	9	75	49	»	105	»
Deux Mules avec une Chaise à deux places appartenant à la Poste.	8	»	43	75	91	»
Idem, de Distinction.	9	»	47	25	98	»
Idem, appartenant au Voyageur.	6	50	36	75	77	»
Idem, avec un Solitaire appartenant à la Poste.	6	»	31	50	66	50
Idem, de Distinction.	7	»	35	»	73	50
Idem, appartenant au Voyageur.	5	»	24	50	52	50

NOTA.

On doit payer à chaque Relais le pour-boire du conducteur et celui du Postillon; lorsqu'on voyagera avec un attelage, on payera au Conducteur 4 réaux de veillon (1 franc), et au Postillon 2 réaux (50 cent.); si on voyage en Chaise de Poste ou Solitaire, on payera 4 réaux (1 fr.) par chaque Poste.

OBSERVACIONES.

Despues la entrada de los Francés en España las Carreras números 24, 28 à 31, 33 à 35, 38, 40, 70 y las comunicaciones 70 a, b, c, etc., han establecidas, como lo exponemos.

Sobre muchas otras Carreras, ha habido tambien algunas mudanzas en los lugares de Paradas, que hemos rectificado.

OBSERVATIONS.

Depuis l'entrée des Français en Espagne, les Routes N°s. 24, 28 à 31, 33 à 35, 38, 40 70 et les communications 70 a, b, c, etc., ont été établies comme nous les donnons.

Sur beaucoup d'autres Routes, il y a eu aussi quelques changemens dans les lieux de Relais, que nous avons rectifiés.

IIª. PARTE.	IIᵉ. PARTIE.

CARRERAS DE POSTA
DE MADRID
A los Lugares principales de España.

ROUTES DE POSTES
DE MADRID
Aux lieux principaux de l'Espagne.

~~~~~~~~~~~~~~~~~~~~~~~~~~~~~~~~~~~~~~~

CARRERAS	ROUTES
De Madrid à las Ciudades principales de las Provincias de Castilla la Vieja, de la Vizcaya , y de Valladolid.	*De Madrid aux Villes principales des Provinces de la Vieille-Castille , de la Biscaye et de Valladolid.*

Nº. 24.

CARRERA MONTADA	ROUTE MONTÉE
De Madrid à Bayona, por Segovia, Valladolid y Burgos.	*De Madrid à Bayonne, par Ségovie, Valladolid et Burgos.*

Paradas. *Relais.*	Leguas.	Lieues.
De Madrid à Abulagas.		2
al Puente del Retamar.	2	4
à Galapagar. . . . . , ...	2½	6½
à Guadarrama.	3	9½
à la Fonda de San-Rafael.	2½	12
à Otero de Herreros.	2	14
à Segovia.	3	17
à Garcillano.	2	19

Paradas. *Relais.*	Leguas.	*Lieues.*
De Madrid à Garcillano.		19
à Santa-Maria de la Nieve.	3	22
las Navas de Coca.	2	24
Belleguillo.	2	26
a Olmedo.	2	28
à Valdesillas.	4	32
à Valladolid.	4	36
à la Venta de Trigueros.	4	40
à Baños.	3	43
à Torrequemada.	3	46
à Villaodrigo.	4	50
à Celada.	4	54
à Burgos . . . . . , ...	4	58
al Monasterio de Rodilla.	$4\frac{1}{2}$	$62\frac{1}{2}$
à Briviesca.	$3\frac{1}{2}$	66
à Pancorbo.	$4\frac{1}{2}$	$70\frac{1}{2}$
à Miranda de Ebro.	$3\frac{1}{2}$	74
à la Puebla de Arganzon.	3	77
à Victoria.	3	80
à Gamboa.	2	82
à Salinas.	2	84
à Mondragon.	2	86
à Bergara.	$2\frac{1}{2}$	$88\frac{1}{2}$
à Villareal de Urrechu.	2	$90\frac{1}{2}$
à Villafranca de Guipuscoa.	3	$93\frac{1}{2}$
à Tolosa.	3	$96\frac{1}{2}$
à Urnieta.	3	$99\frac{1}{2}$
à Oyarzun.	$3\frac{1}{2}$	103
à Irun.	$2\frac{1}{2}$	$105\frac{1}{2}$
à San-Juan de Luz.	3	$108\frac{1}{2}$
à Uriarte.	2	$110\frac{1}{2}$
à Bayona.	2	$112\frac{1}{2}$

Esta Carrera de Madrid à Bayona, es la mas freqüentada, y mas segura de todas las que tienen el mismo destino.

Cette Route, de Madrid à Bayonne, est de toutes celles qui y conduisent, la plus fréquentée et la plus sure.

N°. 25.

CARRERA MONTADA	ROUTE MONTÉE
De Madrid à Bayona, por Aranda de Duero y Burgos.	De Madrid à Bayonne, par Aranda de Duero et Burgos.

Paradas. *Relais.*	Leguas.	Lieues.
De Madrid à Alcobendas.		3
à San-Agustin.	$3\frac{1}{2}$	$6\frac{1}{2}$
à Cabanillas.	3	$9\frac{1}{2}$
à Buytrago.	4	$13\frac{1}{2}$
à Somosierra.	3	$16\frac{1}{2}$
à Castillejo.	3	$19\frac{1}{2}$
à Fresnillo de la Fuente.	$2\frac{1}{2}$	22
à la Onrubia.	3	25
à Aranda de Duero.	3	28
à Gumiel de Izan.	2	30
à Bahabon.	2	32
à Lerma.	3	35
à Madrigalejo.	$2\frac{1}{2}$	$37\frac{1}{2}$
à Sarracin.	3	$40\frac{1}{2}$
à Burgos.	2	$42\frac{1}{2}$
al Monasterio de Rodilla.	$4\frac{1}{2}$	47
à Briviesca.	$3\frac{1}{2}$	$50\frac{1}{2}$
à Pancorbo.	$4\frac{1}{2}$	55
à Miranda de Ebro.	$3\frac{1}{2}$	$58\frac{1}{2}$
à la Puebla de Arganzon.	3	$61\frac{1}{2}$
à Victoria.	3	$64\frac{1}{2}$
à Gamboa.	2	$66\frac{1}{2}$
à Salinas.	2	$68\frac{1}{2}$
à Mondragon.	2	$70\frac{1}{2}$
à Bergara.	$2\frac{1}{2}$	73
à Villareal de Urrechu.	2	75
à Villafranca de Guipuscoa.	3	78
à Tolosa.	3	81
à Urnieta.	3	84
à Oyarzun.	$3\frac{1}{2}$	$87\frac{1}{2}$
à Irun.	$2\frac{1}{2}$	90
à San-Juan de Luz.	3	93

3

Paradas. *Relais.*	Leguas.	*Lieues.*
De Madrid à San-Juan de Luz.		93
à Uriarte.	2	95
à Bayona. . . . . , ...	2	97

Esta Carrera es mas corta de 14 leguas ½ que esta n°. 24; pero esta es menos freqüentada.

Cette Route est plus courte de 14 lieues ½ que celle n°. 24; mais elle est moins fréquentée.

N°. 26.

CARRERA MONTADA	ROUTE MONTÉE
De Madrid à Bayona, por Medina del Campo, Valladolid, Burgos y Miranda de Ebro.	*De Madrid à Bayonne, par Médina del Campo, Valladolid, Burgos et Miranda de Ebro.*

	Leguas	Lieues
De Madrid à Abulagas.		2
al Puente del Retamar.	2	4
à Galapagar.	2 ½	6 ½
à Guadarrama.	3	9 ½
à la Fonda de San-Rafael.	2 ½	12
à Villacastin.	3	15
à Labajos.	2	17
à Adanero.	2	19
à Arevalo.	3	22
à Ataquines.	3	25
à Medina del Campo.	3	28
à Valdesillas.	4	32
à Valladolid.	4	36
à la Venta de Trigueros.	4	40
à Baños.	3	43
à Torrequemada.	3	46
à Villaodrigo.	4	50
à Celada.	4	54
à Burgos.	4	58
al Monasterio de Rodilla.	4 ½	62 ½
à Briviesca.	3 ½	66
à Pancorbo.	4 ½	70 ½
à Miranda de Ebro.	3 ½	74
à la Puebla de Arganzon.	3	77
à Victoria.	3	80

Paradas. *Relais.*		Leguas.	*Lieues.*
De Madrid à Victoria.			80
à Gamboa.		2	82
à Salinas.		2	84
à Mondragon.		2	86
à Bergara.		2½	88½
à Villareal de Urrechu.		2	90½
à Villafranca de Guipuscoa.		3	93½
à Tolosa.		3	96½
à Urnieta.		3	99½
à Oyarzun.		3½	103
à Irun.		2½	105½
à San-Juan de Luz.		3	108½
à Uriarte.		2	110½
à Bayona.		2	112½

Nº. 27.

CARRERA	ROUTE
De Madrid à Bayona, por Lodares y Pamplona.	*De Madrid à Bayonne, par Lodares et Pamplune.*

De Madrid à Torrejon de Ardoz.		4
à la Venta de Meco.	3½	7½
à Guadalaxara.	3½	1R
à Torija.	3	14
à Grajanejos.	3	17
à Almadrones.	2½	19½
à Torremocha.	3	22½
à Bujarrabal.	2½	25
à Lodares.	2½	27½
à Adredas.	5	32½
à Almazan.	3½	36
à Zamajon.	3½	39½
à Hinojosa.	4	43½
à Agreda.	3½	47
à Centruenigo.	5	52
à Valtierra.	4	56
à Marcilla.	3	59
à Tafalla.	4	63
à Otriz.	2½	65½
à Pamplona.	3½	69

Paradas.	Relais.	Leguas.	Lieues.
De Madrid à Pamplona.			69
à Ostiz.		2	71
à Lanz.		2	73
à Barrueta.		2	75
à Maya.		2	77
à Añoa.		2	79
à Ostariz.		2	81
à Bayona.		2	83

De todas las Carreras de Madrid à Bayona, aquesa es la mas corta, pero esta no es montada que de Madrid à Lodares, y de Lodares à Bayona esta no lo es.

De toutes les Routes de Madrid à Bayonne, celle-ci est la plus courte, mais elle n'est montée que de Madrid à Lodares, et de Lodares à Bayonne elle ne l'est pas.

Nº. 28.

CARRERA MONTADA

De Madrid à San-Sébastian, por Segovia, Valladolid y Burgos.

ROUTE MONTÉE

De Madrid à Saint-Sébastien, par Ségovie, Valladolid et Burgos.

De Madrid à Abulagas.		2
al Puente del Retamar.	2	4
à Galapagar.	$2\frac{1}{2}$	$6\frac{1}{2}$
à Guadarrama.	3	$9\frac{1}{2}$
à la Fonda de San-Rafael.	$2\frac{1}{2}$	12
à Otero de Herreros.	2	14
à Segovia.	3	17
à Garcillano.	2	19
à Santa-Maria de la Nieve.	3	22
à las Navas de Coca.	2	24
à Belleguillo.	2	26
à Olmedo.	2	28
à Valdesillas.	4	32
à Valladolid.	4	36
à la Venta de Trigueros.	4	40
à Baños.	3	43
à Torrequemada.	3	46
à Villaodrigo.	4	50

Paradas. *Relais.*	Leguas.	Lieues.
De Madrid à Villaodrigo.		5o
à Celada.	4	54
à Burgos.	4	58
al Monasterio de Rodilla.	$4\frac{1}{2}$	$62\frac{1}{2}$
à Briviesca.	$3\frac{1}{2}$	66
à Pancorbo.	$4\frac{1}{2}$	$7o\frac{1}{2}$
à Miranda de Ebro.	$3\frac{1}{2}$	74
à la Puebla de Arganzon.	3	77
à Victoria.	3	8o
à Gamboa.	2	82
à Salinas.	2	84
à Mondragon.	2	86
à Bergara.	$2\frac{1}{2}$	$88\frac{1}{2}$
à Villareal de Urrechu.	2	$9o\frac{1}{2}$
à Villafranca de Guipuscoa.	3	$93\frac{1}{2}$
à Tolosa.	3	$96\frac{1}{2}$
à Urnieta.	3	$99\frac{1}{2}$
à San-Sébastian.	2	$1o1\frac{1}{2}$

Nº. 28 (*bis*).

CARRERA MONTADA	*ROUTE MONTÉE*
De Madrid à San-Sebastian, por Aranda de Duero, Burgos y Miranda de Ebro.	*De Madrid à Saint-Sébastien, par Aranda de Duero, Burgos, et Miranda de Ebro.*

	Leguas	Lieues
De Madrid à Alcobendas.		3
à San-Agustin.	$3\frac{1}{2}$	$6\frac{1}{2}$
à Cabanillas.	3	$9\frac{1}{2}$
à Buytrago.	4	$13\frac{1}{2}$
à Somosierra.	3	$16\frac{1}{2}$
à Castillejo.	3	$19\frac{1}{2}$
à Fresnillo de la Fuente.	$2\frac{1}{2}$	22
à la Onrubia.	3	25
à Aranda de Duero.	3	28
à Gumiel de Izan.	2	3o
à Bahabon.	2	32
à Lerma.	3	35
à Madrigalejo.	$2\frac{1}{2}$	$37\frac{1}{2}$
à Sarracin.	3	$4o\frac{1}{2}$

Paradas. *Relais.*		Leguas.	Lieues.
De Madrid à Sarracin.			40 ½
à Burgos.	. .	2	42 ½
al Monasterio de Rodilla.		4 ½	47
à Briviesca.		3 ½	50 ½
à Pancorbo.		4	55
à Miranda de Ebro.		3 ½	58 ½
à la Puebla de Arganzon.		3	61
à Victoria.	.	3	64 ½
à Gamboa.		2	66 ½
à Salinas.		2	68 ½
à Mondragon.		2	70 ½
à Bergara.		2 ½	73
à Villareal de Urrechu.		2	75
à Villafranca de Guipuscoa.		3	78
à Tolosa.		3	81
à Urnieta.		3	84
à San-Sebastian.		2	86

Nº. 29.

CARRERA MONTADA	ROUTE MONTÉE
De Madrid à Victoria, por Segovia, Valladolid y Burgos.	*De Madrid à Victoria, par Ségovie, Valladolid et Burgos.*

De Madrid à Abulagas.		2
al Puente del Retamar.	2	4
à Galapagar.	2 ½	6 ½
à Guadarrama.	3	9 ½
à la Fonda de San-Rafael.	2 ½	12
à Otero de Herreros.	2	14
à Segovia.	3	17
à Gareillano.	2	19
à Santa-Maria de la Nieve.	3	22
à las Navas de Coca.	2	24
à Belleguillo.	2	26
à Olmedo.	2	28
à Valdesillas.	4	32
à Valladolid.	4	36
à la Venta de Tigueros.	4	40

Paradas. *Relais.*	Leguas.	*Lieues.*
De Madrid à la Venta de Tigueros.		40
à Baños.	3	43
à Torrequemada.	3	46
à Villaodrigo	4	50
à Celada.	4	54
à Burgos.	4	58
al Monasterio de Rodilla.	$4\frac{1}{2}$	$62\frac{1}{2}$
à Briviesca.	3	66
à Pancorbo.	4	$70\frac{1}{2}$
à Miranda de Ebro.	3	74
à la Puebla de Arganzon.	3	77
à Victoria.	3	80

Nº. 30.

CARRERA MONTADA	*ROUTE MONTÉE*
De Madrid à Bilbao, por Segovia, Valladolid y Burgos.	*De Madrid à Bilbao, par Ségovie, Valladolid et Burgos.*

	Leguas.	Lieues.
De Madrid à Abulagas.		2
al Puente del Retamar.	2	4
à Galapagar.	$2\frac{1}{2}$	$6\frac{1}{2}$
à Guadarrama.	3	$9\frac{1}{2}$
à la Fonda de San-Rafael.	$2\frac{1}{2}$	12
à Otero de Herreros.	2	14
à Segovia.	3	17
à Garcillano.	2	19
à Santa-Maria de la Nieve.	3	22
à las Navas de Coca.	2	24
à Belleguillo.	2	26
à Olmedo.	2	28
à Valdesillas.	4	32
à Valladolid.	4	36
à la Venta de Trigueros.	4	40
à Baños.	3	43
à Torrequemada.	3	46
à Villaodrigo.	4	50
à Celada.	4	54
à Burgos.	4	58
al Monasterio de Rodilla.	$4\frac{1}{2}$	$62\frac{1}{2}$

Paradas. *Relais.*		Leguas.	*Lieues.*
De Madrid al Monasterio de Rodilla			$62\frac{1}{2}$
à Briviesca		$3\frac{1}{2}$	66
à Pancorbo		$4\frac{1}{2}$	$70\frac{1}{2}$
à Miranda de Ebro		$3\frac{1}{2}$	74
à Berguenda		3	77
à la Venta del Hambre		4	81
à Orduña		1	82
à Amurio		2	84
à Llodio		2	86
à Bilbao		2	88

Nº. 30 (*bis*).

CARRERA MONTADA	*ROUTE MONTÉE*
De Madrid à Bilbao, por Aranda de Duero, Burgos y Miranda de Ebro.	*De Madrid à Bilbao, par Aranda de Duero, Burgos et Miranda de Ebro.*

	Leguas	Lieues
De Madrid à Alcobendas		3
à San-Agustin	$3\frac{1}{2}$	$6\frac{1}{2}$
à Cabanillas	3	$9\frac{1}{2}$
à Buytrago	4	$13\frac{1}{2}$
à Somosierra	3	$16\frac{1}{2}$
à Castilléjo	3	$19\frac{1}{2}$
à Fresnillo de la Fuente	$2\frac{1}{2}$	22
à la Onrubia	3	25
à Aranda de Duero	3	28
à Gumiel de Izan	2	30
à Bahabon	2	32
à Lerma	3	35
à Madrigalejo	$2\frac{1}{2}$	$37\frac{1}{2}$
à Sarracin	3	$40\frac{1}{2}$
à Burgos	2	$42\frac{1}{2}$
al Monasterio de Rodilla	$4\frac{1}{2}$	47
à Briviesca	$3\frac{1}{2}$	$50\frac{1}{2}$
à Pancorbo	$4\frac{1}{2}$	55
à Miranda de Ebro	$3\frac{1}{2}$	$58\frac{1}{2}$
à Berguenda	3	$61\frac{1}{2}$
à la Venta del Hambre	4	$65\frac{1}{2}$
à Orduña	1	$66\frac{1}{2}$

Paradas. *Relais.*	Leguas.	Lieues.
De Madrid à Orduña. . . . . , ...		$66\frac{1}{2}$
à Amurio.	2	$68\frac{1}{2}$
à Llodio.	2	$70\frac{1}{2}$
à Bilbao.	2	$72\frac{1}{2}$

Nº. 31.

CARRERA MONTADA	*ROUTE MONTÉE*
De Madrid à Miranda de Ebro, por Segovia, Valladolid y Burgos.	*De Madrid à Miranda de Ebro, par Ségovie, Valladolid et Burgos.*

	Leguas	Lieues
De Madrid à Abulagas.		2
al Puente del Retamar.	2	4
à Galapagar.	$2\frac{1}{2}$	$6\frac{1}{2}$
à Guadarrama.	3	$9\frac{1}{2}$
à la Fonda de San Rafael.	$2\frac{1}{2}$	12
à Otero de Herreros.	2	14
à Segovia.	3	17
à Garcillano.	2	19
à Santa-Maria de la Nieve.	3	22
à la Nava de Coca.	2	24
à Belleguillo.	2	26
à Olmedo.	2	28
à Valdesillas.	4	32
à Valladolid.	4	36
à la Venta de Trigueros.	4	40
à Baños.	3	43
à Torrequemada.	3	46
à Villaodrigo.	4	50
à Celada.	4	54
à Burgos.	4	58
al Monasterio de Rodilla.	$4\frac{1}{2}$	$62\frac{1}{2}$
à Briviesca.	3	66
à Pancorbo. , ...	$4\frac{1}{2}$	$70\frac{1}{2}$
à Miranda de Ebro.	$3\frac{1}{2}$	74

4

N°. 32.

CARRERA MONTADA	ROUTE MONTÉE
De Madrid à Miranda de Ebro, por Aranda de Duero y Burgos.	De Madrid à Miranda de Ebro, par Aranda de Duero et Burgos.

Paradas. *Relais.*	Leguas.	*Lieues.*
De Madrid à Alcobendas.		3
à San-Agustin.	$3\frac{1}{2}$	$6\frac{1}{2}$
à Cabanillas.	3	$9\frac{1}{2}$
à Buytrago.	4	$13\frac{1}{2}$
à Somosierra.	3	$16\frac{1}{2}$
à Castillejo.	3	$19\frac{1}{2}$
à Fresnillo de la Fuente.	$2\frac{1}{2}$	22
à la Onrubio.	3	25
à Aranda de Duero.	3	28
à Gumiel de Izan.	2	30
à Bahabon.	2	32
à Lerma.	3	35
à Madrigalejo.	$2\frac{1}{2}$	$37\frac{1}{2}$
à Sarracin.	3	$40\frac{1}{2}$
à Burgos.	2	$42\frac{1}{2}$
al Monasterio de Rodilla.	$4\frac{1}{2}$	47
à Briviesca.	$3\frac{1}{2}$	$50\frac{1}{2}$
à Pancorbo.	$4\frac{1}{2}$	55
à Miranda de Ebro.	$3\frac{1}{2}$	$58\frac{1}{2}$

N°. 33.

CARRERA MONTADA	ROUTE MONTÉE
De Madrid à Santander, por Segovia, Valladolid y Burgos.	De Madrid à Santander, par Segovie, Valladolid et Burgos.

	Leguas.	Lieues.
De Madrid à Abulagas.		2
al Puente del Retamar.	2	4
à Galapagar	$2\frac{1}{2}$	$6\frac{1}{2}$
à Guadarrama.	3	$9\frac{1}{2}$
à la Fonda de San-Rafael.	$2\frac{1}{2}$	12

Paradas. *Relais.*		Leguas.	*Lieues.*
De Madrid à la Fonda de San-Rafael.			12
à Otero de Herreros.		2	14
à Segovia.		3	17
à Garcillano.		2	19
à Santa-Maria de la Nieve.		3	22
à la Nava de Coca.		2	24
à Belleguillo.		2	26
à Olmedo.		2	28
à Valdesillas.		4	32
à Valladolid.		4	36
à la Venta de Trigueros.		4	40
à Baños.		3	43
à Torrequemada.		3	46
à Villaodrigo.		4	50
à Celada.		4	54
à Burgos.		4	58
à Guermeces.		4	62
à Basconcillos.		5	67
à Canduela.		4	71
à Reynosa.		4	75
à Molledo.		4	79
à Torrelavega.		4	83
à Santander.		4	87

N°. 33 (a).

Comunicacion de Santander à Santona.	*Communication de Santander à Santona.*

De Santander à Santona.	5

N°. 33 (bis).

CARRERA MONTADA	*ROUTE MONTÉE*
De Madrid à Santander, por Aranda de Duero y Burgos.	*De Madrid à Santander, par Aranda de Duero et Burgos.*

De Madrid à Alcobendas.		3
à San-Agustin	$3\frac{1}{2}$	$6\frac{1}{2}$
à Cabanillas.	3	$9\frac{1}{2}$
à Buytrago.	4	$13\frac{1}{2}$
à Somosierra.	3	$16\frac{1}{2}$

Paradas. *Relais.*		Leguas.	*Lieues.*
De Madrid à Somosierra.			$16\frac{1}{2}$
à Castilejo.		3	$19\frac{1}{2}$
à Fresnillo de la Fuente.		$2\frac{1}{2}$	22
à la Onrubia.		3	25
à Aranda de Duero.		3	28
à Gumiel de Izan.		2	30
à Bahabon.		2	32
à Lerma. . . . . : . . .		3	35
à Madrigalejo.		$2\frac{1}{2}$	$37\frac{1}{2}$
à Sarracin.		3	$40\frac{1}{2}$
à Burgos.		2	$42\frac{1}{2}$
à Guermeces.		4	$46\frac{1}{2}$
à Basconcillos.		5	$51\frac{1}{2}$
à Canduela.		4	$55\frac{1}{2}$
à Reynosa.		4	$59\frac{1}{2}$
à Molledo.		4	$63\frac{1}{2}$
à Torrelavega.		4	$67\frac{1}{2}$
à Santander.		4	$71\frac{1}{2}$

Nº. 34.

CARRERA MONTADA	*ROUTE MONTÉE*
Madrid à Reynosa, por Segovia, Valladolid y Burgos.	*De Madrid à Reynosa, par Ségovie, Valladolid et Burgos.*

	Leguas.	Lieues.
De Madrid à Abulagas.		2
al Puente del Retamar.	2	4
à Galapagar.	$2\frac{1}{2}$	$6\frac{1}{2}$
à Guadarrama.	3	$9\frac{1}{2}$
à la Fonda de San-Rafael.	$2\frac{1}{2}$	12
à Otero de Herreros.	2	14
à Segovia.	3	17
à Garcillano.	2	19
à Santa-Maria de la Nieve.	3	22
à la Nava de Coca.	2	24
à Belleguillo.	2	26
à Olmedo.	2	28
à Valdesillas.	4	32
à Valladolid.	4	36
à la Venta de Trigueros.	4	40

Paradas. *Relais.*	Leguas.	Lieues.
De Madrid à la Venta de Trigueros.		40
à Baños.	3	43
à Torrequemada.	3	46
à Villaodrigo.	4	50
à Celada.	4	54
à Burgos.	4	58
à Guermeces.	4	62
à Basconcillos.	5	67
à Canduela.	4	71
à Reynosa.	4	75

Nº. 35.

CARRERA MONTADA	*ROUTE MONTÉE*
De Madrid à Burgos , por Segovia y Valladolid.	*De Madrid à Burgos, par Ségovie et Valladolid.*

De Madrid à Abulagas.		2
al Puente del Retamar.	2	4
à Galapagar.	$2\frac{1}{2}$	$6\frac{1}{2}$
à Guadarrama.	3	$9\frac{1}{2}$
à la Fonda de San-Rafael.	$2\frac{1}{2}$	12
à Otero de Herreros.	2	14
à Segovia.	3	17
à Garcillano.	2	19
à Santa-Maria de la Nieve.	3	22
à la Nava de Coca.	2	24
à Belleguillo.	2	26
à Olmedo.	2	28
à Valdesillas.	4	32
à Valladolid.	4	36
à la Venta de Trigueros.	4	40
à Baños.	3	43
à Torrequemada.	3	46
à Villaodrigo.	4	50
à Celada.	4	54
à Burgos.	4	58

N°. 36.

CÁRRERA MONTADA	ROUTE MONTÉE
De Madrid à Burgos, por Medina del Campo y Valladolid.	De Madrid à Burgos, par Medina del Campo et Valladolid.

Paradas. Relais.	Leguas.	Lieues.
De Madrid à Abulagas.		2
al Puente del Retamar.	2	4
à Galapagar.	2½	6½
à Guadarrama.	3	9½
à Fonda de San-Rafael.	2½	12
à Villacastin.	3	15
à Labajos.	2	17
à Adanero.	2	19
à Arevalo.	3	22
à Ataquines.	3	25
à Medina del Campo.	3	28
à Valdesillas.	4	32
à Valladolid.	4	36
à la Venta de Trigueros.	4	40
à Baños.	3	43
à Torrequemada.	3	46
à Villaodrigo.	4	5o
à Celada.	4	54
à Burgos.	4	58

N°. 37.

CARRERA MONTADA	ROUTE MONTÉE
De Madrid à Burgos, por Aranda de Duero.	De Madrid à Burgos, par Aranda de Duero.

	Leguas.	Lieues.
De Madrid à Alcobendas.		3
à San-Agustin.	3½	6½
à Cabanillas.	3	9½
à Buytrago.	4	13
à Somosierra.	3	1

Paradas. *Relais.*		Leguas.	*Lieues.*
De Madrid à Somosierra.			16½
à Castillejo.		3	19½
à Fresnillo de la Fuente.		2½	22
à la Onrubia.		3	25
à Aranda de Duero.		3	28
à Gumiel de Izan.		2	30
à Bahabon.		2	32
à Lerma.		3	35
à Madrigalejo.		2½	37½
à Sarracin.		3	40½
à Burgos.		2	42½

N°. 38.

CARRERA MONTADA	*ROUTE MONTÉE*
De Madrid à Valladolid, por Segovia.	*De Madrid à Valladolid, par Ségovie.*

	Leguas	Lieues
De Madrid à Abulagas.		2
al Puente del Retamar	2	4
à Galapagar	2½	6½
à Guadarrama.	3	9½
à la Fonda de San-Rafael.	2½	12
à Otero de Herreros.	2	14
à Segovia.	3	17
à Garcillano.	2	19
à Santa-Maria de la Nieve.	3	22
à la Nava de Coca.	2	24
à Belleguillo.	2	26
à Olmedo.	2	28
à Valdesillas.	4	32
à Valladolid.	4	36

N°. 39.

CARRERA MONTADA	*ROUTE MONTÉE*
De Madrid à Valladolid, por Medina del Campo.	*De Madrid à Valladolid, par Médina del Campo.*

	Leguas	Lieues
De Madrid à Abulagas.		2
al Puente del Retamar	2	4

Paradas. *Relais.*	Leguas.	*Lieues.*
De Madrid al Puente del Retamar.		4
à Galapagar.	$2\frac{1}{2}$	$6\frac{1}{2}$
à Guadarrama.	3	$9\frac{1}{2}$
à la Fonda de San-Rafael.	$2\frac{1}{2}$	12
à Villacastin.	3	15
à Labajos.	2	17
à Adanero.	2	19
à Revalo.	3	22
à Ataquines.	3	25
à Medina del campo.	3	28
à Valdesillas.	4	32
à Valladolid.	4	36

Nº. 40.

CARRERA MONTADA	ROUTE MONTÉE
De Madrid à Segovia.	*De Madrid à Ségovie.*

	Leguas	Lieues
De Madrid à Abulagas.		2
al Puente del Retamar.	2	4
à Galapagar.	$2\frac{1}{2}$	$6\frac{1}{2}$
à Guadarrama.	3	$9\frac{1}{2}$
à la Fonda de San-Rafael.	$2\frac{1}{2}$	12
à Otero de Herreros.	2	14
à Segovia.	3	17

Nº. 41.

CARRERA MONTADA	ROUTE MONTÉE
De Madrid à Aranda de Duero.	*De Madrid à Aranda de Duero.*

	Leguas	Lieues
De Madrid à Alcobendas.		3
à San Agustin.	$3\frac{1}{2}$	$6\frac{1}{2}$
à Cabanillas.	3	$9\frac{1}{2}$
à Buytrago.	4	$13\frac{1}{2}$
à Somosierra.	3	$16\frac{1}{2}$
à Castillejo.	3	$19\frac{1}{2}$
à Fresnillo de la Fuente.	$2\frac{1}{2}$	22
à la Onrubia.	3	25
à Aranda de Duero.	3	28

CARRERAS	ROUTES
De Madrid à las Ciudades principales de las Provincias de la Corona de Aragon y de la Navarra.	De Madrid aux Villes principales des Provinces de la Couronne d'Aragon et de la Navarre.
Con las comunicaciones de estas Ciudades à otras notables.	Avec les communications de ces Villes à d'autres remarquables.

~~~~~~~~~~~~~~~~~~~~~~~~

Nº. 42.

CARRERA MONTADA	ROUTE MONTÉE
De Madrid à Perpiñan, por Lodares, Zaragoza, Lerida y Barcelona.	De Madrid à Perpignan, par Lodares, Saragosse, Lérida et Barcelonne.

Paradas. *Relais.*	Leguas.	Lieues.
De Madrid à Torrejon de Ardoz.		4
à la Venta de Meco.	$3\frac{1}{2}$	$7\frac{1}{2}$
à Guadalaxara.	$3\frac{1}{2}$	11
à Torija.	3	14
à Grajanejos.	3	17
à Almadrones.	$2\frac{1}{2}$	$19\frac{1}{2}$
à Torremocha.	3	$22\frac{1}{2}$
à Bujarrabal.	$2\frac{1}{2}$	25
à Lodares.	$2\frac{1}{2}$	$27\frac{1}{2}$
à Arcos.	$2\frac{1}{2}$	30
à Monreal de Ariza.	3	33
à Cetina.	2	35
à Bubierca.	2	37
à Ateca.	2	39
à Calatayud.	2	41
al Frasno.	3	44
à la Almunia.	3	47

Paradas. _Relais._		Leguas.	_Lieues._
De Madrid à la. Almunía.			47
à la Venta de la Ramera.		3	50
à la Muela.		2	52
à Garrapinillos , ò Venta del Leon. .		2	54
à Zaragoza.		2	56
à la Puebla de Alfenden.		3	59
à Osera.		3	62
à la Venta de Santa-Lucia.		3	65
à Bujaraloz.		3	68
à Candasnos.		3	71
à la Venta de Fraga, ò Buars. . . .		2	73
à Fraga.		2	75
à Alcarraz.		3	78
à Lerida.		2	80
à Benlloch.		2½	82½
à Gomez.		2½	85
à Villagrasa.		2½	87½
à Cervera.		2½	90
à la Panadella.		2½	92½
al Gancho, ò Guacho.		2½	95
à Igualada.		2	97
à Castel - Oli.		2½	99½
à la Fonda del Codul.		2½	102
à Martorell.		3	105
à San-Feliu.		3	108
à Barcelona.		2	110
à Moncada.		2	112
à Mommalo.		2	114
à Llinas.		2	116
à San-Seloni.		3	119
à Hostalrich.		2½	121½
à las Mallorquinas.		2	123½
à Gerona.		4	127½
à Bascara.		2	129½
à Figueras.		3	132½
à la Junquera.		3	135½
al Bolio.		3	138½
à Perpiñan.		4	142½

Nº. 43.

CARRERA MONTADA	ROUTE MONTÉE
De Madrid à Guadalaxara.	*De Madrid à Guadalaxara.*

Paradas. *Relais.*		Leguas. *Lieues.*
De Madrid à Torrejon de Ardoz.		4
à la Venta de Meco.	$3\frac{1}{2}$	$7\frac{1}{2}$
à Guadalaxara.	$3\frac{1}{2}$	11

Nº. 44.

CARRERA MONTADA	ROUTE MONTÉE
De Madrid à Sigüenza, por Guadalaxara.	*De Madrid à Sigüenza, par Guadalaxara.*

De Madrid à Torrejon de Ardoz.		4
à la Venta de Meco.	$3\frac{1}{2}$	$7\frac{1}{2}$
à Guadalaxara.	$3\frac{1}{2}$	11
à Torija.	3	14
à Grajanejos.	3	17
à Almadrones.	$2\frac{1}{2}$	$19\frac{1}{2}$
à Torremocha.	3	$22\frac{1}{2}$
à Bujarrabal.	$2\frac{1}{2}$	25
à Sigüenza.	3	28

Nº. 45.

CARRERA	ROUTE
De Madrid à Soria, por Guadalaxara y Lodares.	*De Madrid à Soria, par Guadalaxara et Lodares.*

De Madrid à Torrejon de Ardoz.		4
à la Venta de Meco.	$3\frac{1}{2}$	$7\frac{1}{2}$
à Guadalaxara.	$3\frac{1}{2}$	11
à Torija.	3	14
à Grajanejos.	3	17

Paradas. *Relais.*	Leguas.	*Lieues.*
De Madrid à Grajanejos.		17
à Almadrones.	$2\frac{1}{2}$	$19\frac{1}{2}$
à Torremocha.	3	$22\frac{1}{2}$
à Bujarrabal.	$2\frac{1}{2}$	25
à Lodares.	$2\frac{1}{2}$	$27\frac{1}{2}$
à Adredas.	5	$32\frac{1}{2}$
à Almazan. . . . . , . . .	$3\frac{1}{2}$	36
à Soria.	6	42

Esta Carrera es montada de Madrid à Lodares; y de Lodares à Soria esta no lo es.

Cette Route est montée de Madrid à Lodares; et de Lodares à Soria elle ne l'est pas.

N°. 46.

CARRERA	*ROUTE*
De Madrid à Pamplona, por Guadalaxara y Lodares.	*De Madrid à Pamplune, par Guadalaxara et Lodares.*

	Leguas.	Lieues.
De Madrid à Torrejon de Ardoz.		4
à la Venta de Meco.	$3\frac{1}{2}$	$7\frac{1}{2}$
à Guadalaxara.	$3\frac{1}{2}$	11
à Torija.	3	14
à Grajanejos.	3	17
à Almadrones.	$2\frac{1}{2}$	$19\frac{1}{2}$
à Torremocha.	3	$22\frac{1}{2}$
à Bujarrabal.	$2\frac{1}{2}$	25
à Lodares.	$2\frac{1}{2}$	$27\frac{1}{2}$
à Adredas.	5	$32\frac{1}{2}$
à Almazan.	$3\frac{1}{2}$	36
à Zamajon.	$3\frac{1}{2}$	$39\frac{1}{2}$
à Hinojosa.	4	$43\frac{1}{2}$
à Agreda.	$3\frac{1}{2}$	47
à Centruenigo.	5	52
à Valtierra.	4	56
à Marcilla.	3	59
à Tafalla.	4	63
à Otriz.	$2\frac{1}{2}$	$65\frac{1}{2}$
à Pamplona.	$3\frac{1}{2}$	69

Esta Carrera es montada de Madrid à Lodares; y de Lodares à Pamplona esta no lo es.

Cette Route est montée de Madrid à Lodares; et de Lodares à Pamplune elle ne l'est pas.

Nº. 47.

CARRERA MONTADA	ROUTE MONTÉE
De Madrid à Zaragoza, por Lodares y Calatayud.	De Madrid à Saragosse, par Lodares et Calatayud.

Paradas. Relais.	Leguas.	Lieues.
De Madrid à Torrejon de Ardoz.		4
à la Venta de Meco.	3½	7½
à Guadalaxara.	3½	11
à Torija.	3	14
à Grajanejos.	3	17
à Almadrones.	2½	19½
à Torremocha.	3	22½
à Bujarrabal.	2½	25
à Lodares.	2½	27½
à Arcos.	2½	30
à Monreal de Ariza.	3	33
à Cetina.	2	35
à Bubierca.	2	37
à Ateca.	2	39
à Calatayud.	2	41
al Frasno.	3	44
à la Almunia.	3	47
à la Venta de la Ramera.	3	50
à la Muela.	2	52
à Garrapanillos ò Venta del Leon. .	2	54
à Zaragoza.	2	56

Nº. 48.

CARRERA	ROUTE
De Madrid à Oleron, por Lodares y Zaragoza.	De Madrid à Oléron, par Lodares et Saragosse.

	Leguas	Lieues
De Madrid à Torrejon de Ardoz.		4
à la Venta de Meco.	3½	7½
à Guadalaxara.	3½	11
à Torija.	3	14

Paradas. *Relais.*	Leguas.	*Lieues.*
De Madrid à Torija.		14
à Grajanejos.	3	17
à Almadrones.	$2\frac{1}{2}$	$19\frac{1}{2}$
à Torremocha.	3	$22\frac{1}{2}$
à Bujarrabal.	$2\frac{1}{2}$	25
à Lodares.	$2\frac{1}{2}$	$27\frac{1}{2}$
à Arcos.	$2\frac{1}{2}$	30
à Monreal de Ariza.	3	33
à Cetina.	2	35
à Bubierca.	2	37
à Ateca.	2	39
à Calatayud.	2	41
al Frasno.	3	44
à la Almunia.	3	47
à la Venta de la Ramera.	3	50
à la Muela.	2	52
à Garrapinillos, ò Venta del Leon. .	2	54
à Zaragoza.	2	56
à Zuera.	4	60
à Gurrea.	3	63
à Ayerbe.	5	68
à Anzanigo.	4	72
à Bermues.	2	74
à Jaca.	3	77
à Campfranc.	3	80
à Urdos.	3	83
à Bedeus.	3	86
à Oleron.	4	90

Esta Carrera es montada de Madrid à Zaragoza; y de Zaragoza à Oleron esta no lo es.	*Cette Route est montée de Madrid à Saragosse; et de Saragosse à Oléron elle ne l'est pas.*

Comunicaciones de Zaragoza à Tudela, Barbastro y Valencia.	Communications de Saragosse à Tudèle, Barbastro et Valence.

Nº. 48 (a).

CARRERA NO MONTADA	ROUTE NON MONTÉE
De Zaragoza à Tuleda.	De Saragosse à Tudèle.

Paradas. Relais.	Leguas.	Lieues.
De Zaragoza à Alagon.		4
à Borja.	6	10
à Tarrazona.	4	14
à Tudela.	4	18

Nº. 48 (b).

CARRERA NO MONTADA	ROUTE NON MONTÉE
De Zaragoza à Barbastro.	De Saragosse à Barbastro.

De Zaragoza à Zuera.		4
à Almudebar.	5	9
à Huesca.	3	12
à Velillas.	$3\frac{1}{2}$	$15\frac{1}{2}$
à las Cellas.	$2\frac{1}{2}$	18
à Barbastro.	3	21

Nº. 48 (c).

CARRERA NO MONTADA	ROUTE NON MONTÉE
De Zaragoza à Valencia.	De Saragosse à Valence.

De Zaragoza à Maria.		3
à Longares.	4	7
à Maynar.	5	12
à Baguena.	4	16
à Camin Real.	4	20

Paradas. *Relais.*	Leguas.	*Lieues.*
De Zaragoza à Camin Real.		20
à Villafranca.	$2\frac{1}{2}$	$22\frac{1}{2}$
à Villarquemado. . ·	5	$27\frac{1}{2}$
à Teruel.	5	$32\frac{1}{2}$
à la Puebla de Valverde.	4	$36\frac{1}{2}$
à Sarrion.	3	$39\frac{1}{2}$
à las Barracas.	3	$42\frac{1}{2}$
à Segorbe.	5	$47\frac{1}{2}$
à Murviedro.	5	$52\frac{1}{2}$
à Valencia.	4	$56\frac{1}{2}$

N°. 49.

CARRERA MONTADA	*ROUTE MONTEE*
De Madrid à Lerida, por Lodares y Zaragoza.	*De Madrid à Lérida, par Lodares et Saragosse.*

De Madrid à Torrejon de Ardoz.		4
à la Venta de Meco.	$3\frac{1}{2}$	$7\frac{1}{2}$
à Guadalaxara.	$3\frac{1}{2}$	11
à Torija.	3	14
à Grajanejos.	3	17
à Almadrones.	$2\frac{1}{2}$	$19\frac{1}{2}$
à Torremocha.	3	$22\frac{1}{2}$
à Bujarrabal.	$2\frac{1}{2}$	25
à Lodares.	$2\frac{1}{2}$	$27\frac{1}{2}$
à Arcos.	$2\frac{1}{2}$	30
à Monreal de Ariza.	3	33
à Cetina.	2	35
à Bubierca.	2	37
à Ateca.	2	39
à Calatayud.	2	41
al Frasno.	3	44
à la Almunia.	3	47
à la Venta de la Ramera.	3	50
à la Muela.	2	52
à Garrapinillos, o Venta de Leon. .	2	54
à Zaragoza.	2	56
à la Puebla de Alfinden.	3	59
à Osera.	3	62

Paradas. *Relais.*		Leguas.	*Lieues.*
De Madrid à Osera.			62
à la Venta de Santa-Lucia.	3		65
à Bujàraloz.	3		68
à Candasnos.	3		71
à la Venta de Fraga, ò Buars. . . .	2		73
à Fraga.	2		75
à Alcarraz.	3		78
à Lerida.	2		80

N°. 49 (a).

CARRERA NO MONTADA	ROUTE NON MONTÉE
De Lerida à Reus.	*De Lérida à Reus.*

De Lerida à Juñeda.		4
à Vinaxa.	4	8
à Monblanch.	4	12
à Valls.	3	15
à Alcover.	2	17
à Reus.	3	20

N°. 50.

CARRERA	ROUTE
De Madrid à Tarragona, por Lodares, Zaragoza y Lerida.	*De Madrid à Tarragone, par Lodares, Saragosse et Lérida.*

De Madrid à Torrejon de Ardoz.		4
à la Venta de Meco.	$3\frac{1}{2}$	$7\frac{1}{2}$
à Guadalaxara.	$3\frac{1}{2}$	11
à Torija.	3	14
à Grajanejos.	3	17
à Almadrones.	$2\frac{1}{2}$	$19\frac{1}{2}$
à Torremocha.	3	$22\frac{1}{2}$
à Bujarrabal.	$2\frac{1}{2}$	25
à Lodares.	$2\frac{1}{2}$	$27\frac{1}{2}$
à Arcos.	$2\frac{1}{2}$	30
à Monreal de Ariza.	3	33

6

Paradas. *Relais.*	Leguas.	*Lieues.*
De Madrid à Monreal de Ariza.		33
à Cetina.	2	35
à Bubierca.	2	37
à Ateca.	2	39
à Calatayud.	2	41
al Frasno.	3	44
à la Almunia.	3	47
à la Venta de la Ramera.	3	50
à la Muela.	2	52
à Garrapinillos ò Venta del Leon. . .	2	54
à Zaragoza.	2	56
à la Puebla de Alfinden.	3	59
à Osera.	3	62
à la Venta de Santa - Lucia.	3	65
à Bujaraloz.	3	68
à Candasnos.	3	71
à la Venta de Fraga ò Buars.	2	73
à Fraga.	2	75
à Alcarras.	3	78
à Lerida.	2	80
à Juñeda.	4	84
à Vinaxa.	4	88
à Monblanch.	4	92
à Valls.	3	95
à Puigdelfi.	$2\frac{1}{2}$	$97\frac{1}{2}$
à Tarragona.	2	$99\frac{1}{2}$

Esta Carrera es montada de Madrid à Lerida , y de Lerida à Tarragona esta no lo es.	*Cette Route est montée de Madrid à Lérida, et de Lérida à Tarragone elle ne l'est pas.*

Nº. 51.

CARRERA MONTADA	*ROUTE MONTÉE*
De Madrid à Barcelona , por Lodares , Zaragoza y Lerida.	*De Madrid à Barcelone, par Lodares , Saragosse et Lérida.*

De Madrid à Torrejon de Ardoz.		4
à la Venta de Meco.	$3\frac{1}{2}$	$7\frac{1}{2}$
à Guadalaxara.	$3\frac{1}{2}$	11

Paradas. *Relais.*	Leguas.	Lienes.
De Madrid à Guadalaxara.		11
à Torija.	3	14
à Grajanejos.	3	17
à Almadrones.	$2\frac{1}{2}$	$19\frac{1}{2}$
à Torremocha.	3	$22\frac{1}{2}$
à Bujarrabal.	$2\frac{1}{2}$	25
à Lodares.	$2\frac{1}{2}$	$27\frac{1}{2}$
à Arcos.	$2\frac{1}{2}$	30
à Monreal de Ariza.	3	33
à Cetina.	2	35
à Bubierca.	2	37
à Ateca.	2	39
à Calatayud.	2	41
al Frasno.	3	44
à la Almunia.	3	47
à la Venta de la Ramera.	3	50
à la Muela.	2	52
à Garrapinillos ò Venta del Leon. . .	2	54
à Zaragoza.	2	56
à la Puebla de Alfinden.	3	59
à Osera.	3	62
à la Venta de Santa-Lucia.	3	65
à Bujaraloz.	3	68
à Candasnos.	3	71
à la Venta de Fraga ò Buars. . . .	2	73
à Fraga.	2	75
à Alcarraz.	3	78
à Lerida.	2	80
à Benbloch.	$2\frac{1}{2}$	$82\frac{1}{2}$
à Gomez.	$2\frac{1}{2}$	85
à Villagrasa.	$2\frac{1}{2}$	$87\frac{1}{2}$
à Cervera.	$2\frac{1}{2}$	90
à la Panadella.	$2\frac{1}{2}$	$92\frac{1}{2}$
al Gancho ò Guacho.	$2\frac{1}{2}$	95
à Igualada.	2	97
à Castel-Oli.	$2\frac{1}{2}$	$99\frac{1}{2}$
à la Fonda del Codul.	$2\frac{1}{2}$	102
à Martorell.	3	105
à San-Feliù.	3	108
à Barcelona.	2	110

Comunicaciones de Barcelona à Metaro y à Palma, capital de la Isla de Mallorca.	Communications de Barcelone à Mataro et à Palma, capitale de l'Ile de Mayorque.

N°. 5 1 (a).

CARRERA	ROUTE
De Barcelona à Metaro.	De Barcelone à Mataro.

	Paradas. *Relais.*	Leguas.	*Lieues.*
De Barcelóna à Moncada.			2
à Metaro		$2\frac{1}{2}$	$4\frac{1}{2}$

Esta Carrera no es nada montada de Moncada à Metaro.	Cette Route n'est point montée de Moncada à Mataro.

N°. 5 1 (b).

De Barcelona à Palma, Capital de la Isla de Mallorca; ay por mar 5o leguas.	De Barcelone à Palma, Capitale de l'Ile de Mayorque, il y a par mer 5o lieues.

N°. 5 2.

CARRERA MONTADA	ROUTE MONTÉE
De Madrid à Perpiñan, por Valencia, Tortosa, Tarragona y Barcelona.	De Madrid à Perpignan, par Valence, Tortose, Tarragone et Barcelone.

De Madrid à Bacia-Madrid.		3
à Perales de Tajuña.	3	6
à Fuentidueña de Tajo.	$3\frac{1}{2}$	$9\frac{1}{2}$
à Tarancon.	3	$12\frac{1}{2}$
à Saelices.	3	$15\frac{1}{2}$

Paradas. _Relais._	Leguas.	Lieues.
De Madrid à Saelices.		$15\frac{1}{2}$
à Montalbo.	$2\frac{1}{2}$	18
al Villar de Saz.	$2\frac{1}{2}$	$20\frac{1}{2}$
à Olivares.	3	$23\frac{1}{2}$
à Buenache de Alarcon.	3	$26\frac{1}{2}$
à la Motilla del Palancar.	4	$30\frac{1}{2}$
à Castillejo de Iniesta.	2	$32\frac{1}{2}$
à la Minglanilla.	2	$34\frac{1}{2}$
à Villargordo de Cabriel.	3	$37\frac{1}{2}$
à Caudete.	2	$39\frac{1}{2}$
à Requena.	3	$42\frac{1}{2}$
à Siete Aguas.	3	$45\frac{1}{2}$
à la Venta de Buñol.	2	$47\frac{1}{2}$
à la Venta de Poyos.	4	$51\frac{1}{2}$
à Valencia.	3	$54\frac{1}{2}$
à Murviedro.	4	$58\frac{1}{2}$
à Nules.	3	$61\frac{1}{2}$
à Castellon de la Plana.	3	$64\frac{1}{2}$
à Oropesa.	3	$67\frac{1}{2}$
à Torreblanca.	2	$69\frac{1}{2}$
à Vinaroz.	4	$73\frac{1}{2}$
à Ulldecona.	4	$77\frac{1}{2}$
à Tortosa.	3	$80\frac{1}{2}$
à la Venta de los Ajos.	2	$82\frac{1}{2}$
al Perello.	3	$85\frac{1}{2}$
à Cambrils.	6	$91\frac{1}{2}$
à Reus.	2	$93\frac{1}{2}$
à Tarragona.	2	$95\frac{1}{2}$
à Torre den Barra.	2	$97\frac{1}{2}$
al Vendrell.	2	$99\frac{1}{2}$
à Villafranca del Penades.	$2\frac{1}{2}$	102
à Vallirana.	3	105
à San-Feliù.	2	107
à Barcelona.	2	109
à Moncada.	2	111
à Mommalo.	2	113
à Llinas.	2	115
à San-Seloni.	3	118
à Hostalrich.	$2\frac{1}{2}$	$120\frac{1}{2}$
à las Mallorquinas.	2	$122\frac{1}{2}$
à Gerona.	4	$126\frac{1}{2}$
à Bascara.	2	$128\frac{1}{2}$

Paradas. *Relais.*		Léguas.	*Lieues.*
De Madrid à Bascara.			128½
à Figueras.		3	131½
à la Junquera.		3	134½
al Bollo.		3	137½
à Perpiñan.		4	141½

Esta Carrera es mas corta que esta nombre 42 , de una legua.	*Cette Route est plus courte que celle n°. 42 , d'une lieue.*

N°. 5 3.

CARRERA MONTADA	*ROUTE MONTÉE*
De Madrid à Valencia, por Olivares.	*De Madrid à Valence, par Olivares.*

De Madrid à Bacia-Madrid.		3
à Perales de Tajuña.	3	6
à Fuentidueña de Tajo.	3½	9½
à Tarancon.	3	12½
à Saelices.	3	15½
à Montalbo.	2½	18
al Villar de Saz.	2½	20½
à Olivares.	3	23½
à Buenache de Alarcon.	3	26½
à la Motilla del Palancar.	4	30½
à Castillejo de Iniesta.	2	32½
à la Minglanilla.	2	34½
à Villargordo de Cabriel.	3	37½
à Caudete.	2	39½
à Requena.	3	42½
à Siete-Aguas.	3	45½
à la Venta Buñol.	2	47½
à la Venta de Poyos..	4	51½
à Valencia.	3	54½

Nº. 53 (a).

COMUNICACION	COMMUNICATION.
De Valencia à Zaragoza.	De Valence à Saragosse.

Paradas. *Relais.*	Leguas.	*Lieues.*
De Valencia à Murviedro.		4
à Segorbe.	5	9
à las Barracas.	5	14
à Sarrion.	3	17
à la Puebla de Valverde.	3	20
à Teruel.	4	24
à Villarquemado.	5	29
à Villafranca.	5	34
à Camin-Real.	2 ½	36 ½
à Baguena.	4	40 ½
à Maynar.	4	44 ½
à Longares.	5	49 ½
à Maria.	4	53 ½
à Zaragoza.	3	56 ½

Si sequiere ir de Madrid à Zaragoza , por Valencia , la Carrera se halla mas corta de una legua ½ que esta nombre 48 c ; pero de Valencia à Zaragoza , no es montada.	*Si on veut aller de Madrid à Saragosse, par Valence, la Route se trouve plus courte d'une lieue ½ que celle nº. 48 c; mais de Valence à Saragosse, elle n'est pas montée.*

Nº. 54.

CARRERA MONTADA	*ROUTE MONTÉE*
De Madrid à Tortosa, por Valencia.	*De Madrid à Tortose, par Valence.*

De Madrid à Bacia-Madrid.		3
à Perales de Tajuña.	3	6
à Fuentidueña de Tajo.	3 ½	9 ½
à Tarancon.	3	12 ½
à Saelices.	3	15 ½
à Montalbo.	2 ½	18

Paradas. *Relais.*	Leguàs.	*Lieues.*
De Madrid à Montalbo.		18
al Villar de Saz.	2 ½	20 ½
à Olivares.	3	23 ½
à Buenache de Alarcon.	3	26 ½
à la Motilla de Palancar.	4	30 ½
à Castillejo de Iniesta.	2	32 ½
à la Minglanilla.	2	34 ½
à Villargordo de Cabriel.	3	37 ½
à Caudete.	2	39 ½
à Requena.	3	42 ½
à Siete-Aguas.	3	45 ½
à la Venta de Buñol.	2	47 ½
à la Venta de Poyos.	4	51 ½
à Valencia.	3	54 ½
à Murviedro.	4	58 ½
à Nules.	3	61 ½
à Castellon de la Plana.	3	64 ½
à Oropesa.	3	67 ½
à Torreblanca.	2	69 ½
à Vinaroz.	4	73 ½
à Ulldecona.	4	77 ½
à Tortosa.	3	80

Nº. 55.

CARRERA	*ROUTE*
De Madrid à Lerida, por Valencia y Tortosa.	*De Madrid à Lérida, par Valence et Tortose.*

	Leguas	Lieues
De Madrid à Bacia-Madrid		3
à Perales de Tajuña.	3	6
à Fuentidueña de Tajo.	3 ½	9 ½
à Tarancon.	3	12 ½
à Saelices.	3	15 ½
à Montalbo.	2 ½	18
al Villar de Saz.	2 ½	20 ½
à Olivares.	3	23 ½
à Buenache de Alarcon.	3	26 ½
à la Motilla del Palancar.	4	30 ½
à Castilejo de Iniesta.	2	32 ½
à la Minglanilla.	2	34 ½

Paradas. *Relais.*	Leguas.	*Lieues.*
De Madrid à la Minglanilla.		$34\frac{1}{2}$
à Villargordo de Cabriel.	3	$37\frac{1}{2}$
à Caudete.	2	$39\frac{1}{2}$
à Requena.	3	$42\frac{1}{2}$
à Siete-Aguas.	3	$45\frac{1}{2}$
à la Venta de Buñol.	2	$47\frac{1}{2}$
à la Venta de Poyos.	4	$51\frac{1}{2}$
à Valencia.	3	$54\frac{1}{2}$
à Murviedro.	4	$58\frac{1}{2}$
à Nules.	3	$61\frac{1}{2}$
à Castellon de la Plana.	3	$64\frac{1}{2}$
à Oropesa.	3	$67\frac{1}{2}$
à Torreblanca.	2	$69\frac{1}{2}$
à Vinaros.	4	$73\frac{1}{2}$
à Ulldecona.	4	$77\frac{1}{2}$
à Tortosa.	3	$80\frac{1}{2}$
à la Venta de los Ajos.	2	$82\frac{1}{2}$
al Perello.	3	$85\frac{1}{2}$
à Cambrils.	6	$91\frac{1}{2}$
à Reus.	2	$93\frac{1}{2}$
à Alcover.	3	$96\frac{1}{2}$
à Valls.	2	$98\frac{1}{2}$
à Momblanch.	3	$101\frac{1}{2}$
à Vinaxa.	4	$105\frac{1}{2}$
à Juñeda.	4	$109\frac{1}{2}$
à Lerida.	2	$111\frac{1}{2}$

Esta Carrera no es montada que hasta à Reus ; y de Reus à Lerida esta no lo es; ademas es mas larga de 31 leguas $\frac{1}{2}$, que esta indiquada n°. 49.	*Cette Route n'est montée que jusqu'à Reus, et de Reus à Lé- rida elle ne l'est pas; en outre elle est plus longue de 31 lieues $\frac{1}{2}$, que celle indiquée n°. 49.*

N°. 56.

CARRERA MONTADA	*ROUTE MONTÉE*
De Madrid à Tarragona, por Valencia y Tortosa.	*De Madrid à Tarragone, par Valence et Tortose.*

De Madrid à Bacia-Madrid.		3
à Perales de Tajuña.	3	6

Paradas. *Relais.*	Leguas.	Lieues.
De Madrid à Perales de Tajuña.		6
à Fuentidueña del Tajo.	$3\frac{1}{2}$	$9\frac{1}{2}$
à Tarancon.	3	$12\frac{1}{2}$
à Saelices.	3	$15\frac{1}{2}$
à Montalbo.	$2\frac{1}{2}$	18
al Villar de Saz.	$2\frac{1}{2}$	$20\frac{1}{2}$
à Olivares.	3	$23\frac{1}{2}$
à Buenache de Alarcon.	3	$26\frac{1}{2}$
à la Motilla del Palancar.	4	$3o\frac{1}{2}$
à Castillejo de Iniesta.	2	$32\frac{1}{2}$
à la Minglanilla.	2	$34\frac{1}{2}$
à Villargordo de Cabriel.	3	$37\frac{1}{2}$
à Caudete.	2	$39\frac{1}{2}$
à Requena.	3	$42\frac{1}{2}$
à Siete-Aguas	3	$45\frac{1}{2}$
à la Venta de Buñol.	2	$47\frac{1}{2}$
à la Venta de Poyos.	4	$51\frac{1}{2}$
à Valencia.	3	$54\frac{1}{2}$
à Murviedro.	4	$58\frac{1}{2}$
à Nules.	3	$6\text{1}\frac{1}{2}$
à Castellon de la Plana.	3	$64\frac{1}{2}$
à Oropesa.	3	$67\frac{1}{2}$
à Torreblanca.	2	$69\frac{1}{2}$
à Vinaroz.	4	$73\frac{1}{2}$
à Ulldecona.	4	$77\frac{1}{2}$
à Tortosa.	3	$8o\frac{1}{2}$
à la Venta de los Ajos.	2	$82\frac{1}{2}$
al Perello.	3	$85\frac{1}{2}$
à Cambrils.	6	$91\frac{1}{2}$
à Reus.	2	$93\frac{1}{2}$
à Tarragona.	2	$95\frac{1}{2}$

Esta Carrera es mas corta de 4 leguas que esta nombre 5o.

Cette Route est plus courte de 4 lieues que celle n°. 5o.

Nº. 57.

CARRERA MONTADA	ROUTE MONTÉE
De Madrid à Barcelona, por Valencia, Tortosa y Tarragona.	De Madrid à Barcelone, par Valence, Tortose et Tarragone.

Paradas. _Relais._	Leguas.	Lieues.
De Madrid à Bacia-Madrid.		3
à Perales de Tajuña.	3	6
à Fuentidueña del Tajo.	$3\frac{1}{2}$	$9\frac{1}{2}$
à Tarancon.	3	$12\frac{1}{2}$
à Saelices.	3	$15\frac{1}{2}$
à Montalbo. . . . . ./.	$2\frac{1}{2}$	18
al Villar de Saz.	$2\frac{1}{2}$	$20\frac{1}{2}$
à Olivares.	3	$23\frac{1}{2}$
à Buenache de Alarcon.	3	$26\frac{1}{2}$
à la Motilla de Palancar.	4	$30\frac{1}{2}$
à Castillejo de Iniesta.	2	$32\frac{1}{2}$
à la Minglanilla.	2	$34\frac{1}{2}$
à Villargordo de Cabriel.	3	$37\frac{1}{2}$
à Caudete.	2	$39\frac{1}{2}$
à Requna.	3	$42\frac{1}{2}$
à Siete-Aguas.	3	$45\frac{1}{2}$
à la Venta de Buñol.	2	$47\frac{1}{2}$
à la Venta de Poyos.	4	$51\frac{1}{2}$
à Valencia.	3	$54\frac{1}{2}$
à Murviedro. . . . ◆.	4	$58\frac{1}{2}$
à Nules.	3	$61\frac{1}{2}$
à Castellon de la Plana.	3	$64\frac{1}{2}$
à Oropesa.	3	$67\frac{1}{2}$
à Torreblanca.	2	$69\frac{1}{2}$
à Vinaroz.	4	$73\frac{1}{2}$
à Ulldecona.	4	$77\frac{1}{2}$
à Tortosa.	3	$80\frac{1}{2}$
à la Venta de los Ajos.	2	$82\frac{1}{2}$
al Perello.	3	$85\frac{1}{2}$
à Cambrils.	6	$91\frac{1}{2}$
à Reus.	2	$93\frac{1}{2}$
à Tarragona.	2	$95\frac{1}{2}$

Paradas. *Relais.*		Leguas.	*Lieues.*
De Madrid à Tarragona.			$95\frac{1}{2}$
à Torre den Barra.	2		$97\frac{1}{2}$
al Vendrell.	2		$99\frac{1}{2}$
à Villafranca del Penades.	$2\frac{1}{2}$	102	
à Vallirana.	3	105	
à San-Feliù.	2	107	
à Barcelona.	2	109	

Esta Carrera es mas corta de 1 leguas que esta nombre 51.

Cette Route est plus courte d'une lieue que celle nº. 51.

Nº. 58.

CARRERA

De Madrid à Denia, pòr Valencia.

ROUTE

De Madrid à Denia, par Valence.

	Leguas	Lieues
De Madrid à Bacia - Madrid.		3
à Perales de Tajuña.	3	6
à Fuentidueña del Tajo.	$3\frac{1}{2}$	$9\frac{1}{2}$
à Tarancon.	3	$12\frac{1}{2}$
à Saelices.	3	$15\frac{1}{2}$
à Montalbo.	$2\frac{1}{2}$	18
al Villar de Saz.	$2\frac{1}{2}$	$20\frac{1}{2}$
à Olivares	3	$23\frac{1}{2}$
à Buenache de Alarcon.	3	$26\frac{1}{2}$
à la Motilla del Palancar.	4	$30\frac{1}{2}$
à Castillejo de Iniesta	2	$32\frac{1}{2}$
à la Minglanilla.	2	$34\frac{1}{2}$
à Villargardo de Cabriel.	3	$37\frac{1}{2}$
à Caudete.	2	$39\frac{1}{2}$
à Requena.	3	$42\frac{1}{2}$
à Siete-Aguas.	3	$45\frac{1}{2}$
à la Venta de Buñol.	2	$47\frac{1}{2}$
à la Venta de Poyos.	4	$51\frac{1}{2}$
à Valencia.	3	$54\frac{1}{2}$
à Almusafes.	3	$57\frac{1}{2}$
à Cullera.	2	$59\frac{1}{2}$

Paradas. *Relais.*		Legua.	*Lieues.*
De Madrid à Cullera.			$59\frac{1}{2}$
à Gandia.		3	$62\frac{1}{2}$
à Denia.		4	$66\frac{1}{2}$

Esta Carrera es montada de Madrid à Almusafes, y de Almusafes à Denia no lo es.

Se puede ir por mar de Denia à Palma (Isla de Mayorca), no se cuenta que 32 leguas, esta Carrera es mas corta de 61 leguas $\frac{1}{2}$, que esta por Barcelona; pero no se halla siempre los medios de embarcarse.

Cette Route est montée de Madrid à Almusafes, et d'Almusafes à Dénia elle ne l'est pas.

On peut aller par mer de Dénia à Palma (Ile de Mayorque); il n'y a que 32 lieues ; cette Route est plus courte de 61 lieues $\frac{1}{2}$, que celle par Barcelone ; mais on ne trouve pas toujours les moyens de s'y embarquer.

~~~~~~~~~~~~~~~~~~~~~~~~~~~~

Comunicaciones de Valencia à Murcia, Cartagena, Granada y Motril.

Communications de Valence à Murcie, Cartagène, Grenade et Motril.

Nº. 58 (a).

CARRERA MONTADA

De Valencia à Murcia, por Alicante.

ROUTE MONTÉE

De Valence à Murcie, par Alicante.

De Valencia à Almusafes.		3
à Alcira.	3	6
à San-Felipe.	3	9
à Atzaneta.	3	12
à Alcoy.	3	15
à Xixona.	4	19
à Alicante.	4	23
à Elche.	4	27
à Albaterra.	3	30
à Orihuela.	2	32
à Murcia.	3	35

N°. 58 (b).

CARRERA MONTADA	RÒUTE MONTEE
De Valencia à Cartagèna, por Alicante y Murcia.	De Valence à Cartagène, par Alicante et Murcie.

Paradas. *Relais.*	Leguas.	*Lieues.*
De Valencia à Almusafes.		3
à Alcira.	3	6
à San-Felipe.	3	9
à Atzaneta.	3	12
à Alçoy.	3	15
à Xixona.	4	19
à Alicante.	4	23
à Elche.	4	27
à Albaterra.	3	30
à Orihuela.	2	32
à Murcia.	3	35
à los Baños.	3	38
à Lobosillo.	3	41
à Cartagena.	3	44

N°. 58 (c).

CARRERA	ROUTE
De Valencia à Grenada, por Murcia, 81 leguas.	De Valence à Grenade, par Murcie, 81 lieues.

De Valencia à Murcia.	*V.* N°. 58 (a).	35
De Murcia à Grenada.	*V.* N°. 61 (b).	46

N°. 58 (d).

CARRERA	ROUTE
De Valencia à Motril, por Murcia y Grenada, 96 leguas.	De Valence à Motril, par Murcie et Grenade, 96 lieues.

De Valencia à Murcia.	*V.* N°. 58 (a).	35
De Murcia à Motril.	*V.* N°. 61 (c).	61

N°. 58 (e).

CARRERA	ROUTE
De Valencia à Andujar, por Murcia y Grenada, 101 leguas.	De Valence à Andujar, par Murcie et Grenade, 101 lieues.

Paradas. *Relais.*		Leguas. *Lieues.*
De Valencia à Murcia.	V. N°. 58 (a).	35
De Murcia à Andujar.	V. N°. 61 (d).	66

~~~~~~

CARRERAS

DE MADRID

A las Ciudades principales de los Reynos de Murcia, Granada, Jaen, Cordoba y Sevilla.

Con las comunicaciones de algunas de estas dichas Ciudades à otros notados.

ROUTES

DE MADRID

Aux Villes principales des Royaumes de Murcie, Grenade, Jaën, Cordoue et Séville.

Avec les communications de quelques unes desdites Villes à d'autres remarquables.

N°. 59.

CARRERA MONTADA	ROUTE MONTÉE
De Madrid à Cartagena, por Albacete à Murcia.	De Madrid à Cartagène, par Albacète et Murcie.

De Madrid à Bacia-Madrid.		3
à Perales de Tajuña.	3	6

Paradas. *Relais.*	Léguas.	*Lieues.*
De Madrid à Perales de Tajuña.		6
à Fuentidueña del Tajo.	$3\frac{1}{2}$	$9\frac{1}{2}$
à Tarancon.	3	$12\frac{1}{2}$
à Torrubia.	$2\frac{1}{2}$	15
à Ontanaya.	4	19
à Belmonte de la Mancha.	4	23
à la Alqueria de los Frayles. . . .	$2\frac{1}{2}$	$25\frac{1}{2}$
à San-Clemente de la Mancha. . .	$2\frac{1}{2}$	28
à Minaya.	3	31
à la Roda.	3	34
à Gineta.	3	37
à Albacete.	3	40
al Pozo de la Peña.	$2\frac{1}{2}$	$42\frac{1}{2}$
à la Venta Nueva.	3	$45\frac{1}{2}$
à Tobarra (1).	3	$48\frac{1}{2}$
à la Venta de Vinatea.	$2\frac{1}{2}$	51
al Puerto de la Mala-Muger. . . .	$2\frac{1}{2}$	$53\frac{1}{2}$
à Ziezar.	3	$56\frac{1}{2}$
al Puerto de la Losilla.	$2\frac{1}{2}$	59
à Lorqui.	$2\frac{1}{2}$	$61\frac{1}{2}$
à Murcia.	3	$64\frac{1}{2}$
à los Baños.	3	$67\frac{1}{2}$
à Lobosillo.	3	$70\frac{1}{2}$
à Cartageña.	3	$73\frac{1}{2}$

(1) El Correo passa de Tobarra à Hellin , haciendo un contorno de media legua ; pero el Correo extraordinario no esta obligado de hacer lo.	*Le Courrier passe de Tobarra à Hellin , en faisant un détour d'une demi-lieue; mais le Courrier extraordinaire n'est pas obligé de le faire.*

N°. 60.

CARRERA MONTADA	*ROUTE MONTÉE*
De Madrid à Alicante, por Tarancon y Albacete.	*De Madrid à Alicante, par Tarancon et Albacète.*

De Madrid à Bacia - Madrid.		3
à Perales de Tajuñà.	3	6
à Fuentidueña del Tajo.	$3\frac{1}{2}$	$9\frac{1}{2}$

Paradas. *Relais.*		Leguas.	*Lieues.*
De Madrid à Fuentidueña del Tajo.			$9\frac{1}{2}$
à Tarancon.		3	$12\frac{1}{2}$
à Torrubia.		$2\frac{1}{2}$	15
à Ontanaya.		4	19
à Belmonte de la Mancha.		4	23
à la Alqueria de los Frayles. . . .		$2\frac{1}{2}$	$25\frac{1}{2}$
à San-Clemente de la Mancha. . .		$2\frac{1}{2}$	28
à Minaya.		3	31
à la Roda.		3	34
à Gineta.		3	37
à Albacete.		3	40
à Petrola.		5	45
à Montealegre.		3	48
à Yecla.		4	52
à Sax.		5	57
à Monforte.		3	60
à Alicante.		4	64

Esta Carrera es montada de Madrid à Albacete ; y de Albacete à Alicante no lo es.	*Cette Route est montée de Madrid à Albacete, et d'Albacete à Alicante elle ne l'est pas.*

Nº. 61.

CARRERA MONTADA	*ROUTE MONTÉE*
De Madrid à Murcia, por Tarancon y Albacete.	*De Madrid à Murcie, par Tarancon et Albacète.*

De Madrid à Bacia – Madrid.			3
à Parales de Tajuña.		3	6
à Fuentidueña del Tajo.		$3\frac{1}{2}$	$9\frac{1}{2}$
à Tarancon.		3	$12\frac{1}{2}$
à Torrubia.		$2\frac{1}{2}$	15
à Ontanaya.		4	19
à Belmonte de la Mancha.		4	23
à la Alqueria de los Frayles. . . .		$2\frac{1}{2}$	$25\frac{1}{2}$
à San-Clemente de la Mancha. . . .		$2\frac{1}{2}$	28
à Minaya.		3	31
à la Roda.		3	34
à la Gineta.		3	37

Paradas. *Relais.*		Leguas.	*Lieues.*
De Madrid à la Gineta.			37
à Albacete.	3	40
al Pozo de la Peña.	2½	42½
à la Venta Nueva.	3	45½
à Tobarra (1).	3	48½
à la Venta de Vinatea.	2½	51
al Puerto de la Mala-Muger.	2½	53½
à Ziezar.	3	56½
al Puerto de la Losilla.	2½	59
à Lorqui.	2½	61½
à Murcia.	3	64½

(1) El Correo passa de Tobarra à Hellin, haciendo un contorno de media legua; el Correo extraordinario no es obligado de hacer lo.	*Le Courrier passe de Tobarra à Hellin, en faisant un détour d'une demi-lieue; le Courrier extraordinaire n'est pas obligé de le faire.*

~~~~~~~~~~~~~~~~~~~~~~~~~~~~~~~~

Comunicaciones de Murçia à Alicante, Granada , Motril y Andujar.	*Communications de Murcie à Alicante, Grenade, Motril et Andujar.*

Nº. 61 (a).

CARRERA MONTADA	*ROUTE MONTÉE*
De Murcia à Alicante.	*De Murcie à Alicante.*

De Murcia à Orihuela.		3
à Albaterra.	2	5
à Elche.	3	8
à Alicante.	4	12

Nº. 61 (b).

CARRERA NO MONTADA	ROUTE NON MONTEE
De Murcia à Granada.	*De Murcie à Grenade.*

Paradas. *Relais.*	Leguas.	Lieues.
De Murcia à Lebrilla.		4
à Totana.	4	8
à Lorca.	4	12
à la Venta del Rio.	3	15
à los Velez.	4	19
à Vertientes.	4	23
à Cullar.	3	26
à Baza.	4	30
à Gor.	4	34
à Guadix.	3	37
à Diezma.	3	40
à Granada.	6.	46

Nº. 61 (c).

CARRERA NO MONTADA	ROUTE NON MONTEE
De Murcia à Motril, por Granada.	*De Murcie à Motril, par Grenade.*

Paradas	Leguas.	Lieues.
De Murcia à Lebrilla.		4
à Totana.	4	8
à Lorca.	4	12
à la Venta del Rio.	3	15
à los Velez.	4	19
à Vertientes.	4	23
à Cullar.	3	26
à Baza.	4	30
à Gor.	4	34
à Guadix.	3	37
à Diezma.	3	40
à Granada.	6	46
à Albendin.	4	50
à Pinos del Valle.	$2\frac{1}{2}$	$52\frac{1}{2}$
à Benaudella.	$4\frac{1}{2}$	57
à Motril.	4	61

N°. 6 1 (d).

CARRERA NO MONTADA	ROUTE NON MONTEE
De Murcia à Andujar , por Granada.	De Murcie à Andujar, par Grenade.

Paradas. Relais.	Leguas.	Lieues.
De Murcia à Lebrilla.		4
à Totana.	4	8
à Lorca.	4	12
à la Venta del Rio.	3	15
à los Velez.	4	19
à Vertientes.	4	23
à Cullar.	3	26
à Baza.	4	30
à Gor.	4	34
à Guadix.	3	37
à Diezma.	3	40
à Granada.	6	46
à Pinos Puente.	3	49
à Alcala la Real.	5	54
al Caudete.	3	57
à Torre Ximeno.	4	61
à Andujar.	5	66

N°. 62.

CARRERA MONTADA	ROUTE MONTÉE
De Madrid à Cadiz, por Andujar , Cordoba y Sevilla.	De Madrid à Cadiz, par Andujar , Cordoue et Séville.

	Leguas.	Lieues.
De Madrid à Valdemoro.		4
à Aranjuez.	3	7
à Ocaña.	2	9
à la Guardia.	3½	12½
à Tembleque.	2	14½
à Cañada de la Higuera.	2	16½
à Madridejos.	2	18½
al Puerto de Lapiche.	3	21½

Paradas. *Reláis.*	Leguas.	*Lieues.*
De Madrid al Puerto de Lapiche.		$21\frac{1}{2}$
à Villaharta.	2	$23\frac{1}{2}$
à la Casa - Nueva del Rey.	$2\frac{1}{2}$	26
à Manzanares.	$2\frac{1}{2}$	$28\frac{1}{2}$
à Nostra-Señora de la Consolacion. .	2	30
à Valdepeñas.	2	$32\frac{1}{2}$
à Santa - Crux de Mudela.	2	$34\frac{1}{2}$
al Visillo.	2	$36\frac{1}{2}$
à la Venta de Cardenas.	2	$38\frac{1}{2}$
à Santa-Elena.	2	$40\frac{1}{2}$
à la Carolina.	2	$42\frac{1}{2}$
à Guarroman.	2	$44\frac{1}{2}$
à Baylen.	2	$46\frac{1}{2}$
à la Casa del Rey.	$2\frac{1}{2}$	49
à Andujar.	$2\frac{1}{2}$	$51\frac{1}{2}$
à Aldea del Rio.	$3\frac{1}{2}$	55
al Carpio.	$3\frac{1}{2}$	$58\frac{1}{2}$
à la Casablanca del Rey.	$2\frac{1}{2}$	61
à Cordoba.	$2\frac{1}{2}$	$63\frac{1}{2}$
à Cortijo de Mango-Negro.	3	66
à la Carlota.	3	$69\frac{1}{2}$
à Ecija.	4	$73\frac{1}{2}$
à Luisiana.	3	$76\frac{1}{2}$
à la Venta de la Portuguesa. . . .	$3\frac{1}{2}$	80
à Carmona.	$2\frac{1}{2}$	$82\frac{1}{2}$
à Mayrena.	2	$84\frac{1}{2}$
à Alcala de Guadayra.	2	$86\frac{1}{2}$
à Sevilla.	2	88
à Utrera.	3	$91\frac{1}{2}$
al Ventorillo de las Torres de Locaz.	$3\frac{1}{2}$	95
à la Real Casa del Cuervo.	$3\frac{1}{2}$	$98\frac{1}{2}$
à Xerez de la Frontera.	$3\frac{1}{2}$	102
al Puerto de Santa-Maria.	$2\frac{1}{2}$	$104\frac{1}{2}$
à la Isla de Leon.	3	$107\frac{1}{2}$
à Cadiz.	3	$110\frac{1}{2}$

Vease el Cuadro adjunto de los gastos à pagar para estos que viajan sobre esta Carrera en Coche.

Voyez le Tableau ci - joint, des frais à payer pour ceux qui voyagent sur cette Route en Voiture.

UADRO gastos à pagar para viajar en Posta con Calesas ó Berlinas à 2 y 4 ruedas, sobre la Carrera montada de Madrid à Aranjuez; Andujar, Cordoba, Ecija, Carmona, Sevilla, Xerez-la-Frontera, Puerto de Santa-Maria y Cadiz; pagando para una legua, 5 reales por cada Mula, y 1 real y medio para uno Postillon, conforme à la explicacion següienta :

NOMBRES DE LAS CIUDADES CON SUS DISTANCIAS EN LEGUAS, DE MADRID A CADA UNA DE ELLAS. *NOMS DES VILLES AVEC LEURS DISTANCES EN LIEUES, DE MADRID A CHACUNE D'ELLES.*		Para 3 Mulas, una Calesa de Posta à quarto ruedas, con 2 personas dentro, 1 criado detras y 4 arrobas 15 reales. Para la Calesa perteneciente à la Posta : 7 reales ½. Para 1 Postillon; 1 real ½. Total para 1 legua ; 24 real.	*Pour 3 Mules, une Chaise de Poste à 4 roues, avec deux personnes dedans, 1 domestique derrière et 4 arrobas (100 l de poids), 15 r. 3 fr. 75 c. Pour la Chaise appartenant à la Poste, 7 r. ½, 1 f. 87 c. ½. Pour 1 Postillon, 1 r. ½, 37 c. ½. Total pour 1 lieue, 24 r. 6 f.*
	Lieues.	**Reales vellon.**	*fr.* ... *c.*
De Madrid à Aranjuez.	7	228 «	57 «
à Andujar.	51 ½	1296 «	324 «
à Cordoba.	63 ½	1584 «	396 «
à Ecija.	73 ½	1824 «	456 «
à Carmona.	82 ½	2040 «	510 «
à Sevilla.	88 ½	2184 «	546 «
à Xerez de la Frontera.	102	2508 «	627 «
al Puerto de Santa-Maria.	104 ½	2568 «	642 «
à Cadiz.	110 ½	2712 «	678 «

Se anade al producto de cada suma el precio de las quatro leguas de la primera Posta, que se paga doble, en raizon de 5 reales para cada Mulas y por legua.

TABLEAU des frais à payer pour voyager en Poste avec des Chaises ou Berlines à 2 et 4 roues, sur la Route montée de Madrid à Aranjuez, A....ujar, Cordoue, Ecija, Carmona, Séville, Xerez-de-la-Frontière, Port de Sainte-Marie et Cadix; en payant pour une lieue, 5 réaux par chaque Mule, et 1 réal et demi pour un Postillon, comme il est expliqué ci-après :

Para 2 Mulas, una Calesa de Posta à 2 ruedas perteneciente à los Viajeros, con 2 plazas dentro ò 1 dentro y 1 detras; 10 reales. Para 1 Postillon; 1 real $\frac{1}{2}$. Total para 1 legua; 11 real.	*Pour 2 Mules, une Chaise de Poste à 2 roues, appartenant au Voyageur, avec 2 places dedans ou 1 dedans et 1 derrière; 10 r. 2 f. 50 c. Pour un Postillon; 1 r. $\frac{1}{2}$, 37 c. $\frac{1}{2}$. Total pour 1 lieue; 11 r. $\frac{1}{2}$, 2 fr. 87 c. $\frac{1}{2}$.*	Para 3 Mulas, una Calesa de Posta à 4 ruedas, perteneciente à los Viajeros, con 2 plazas dentro y 1 detras; 15 r. Para 1 Postillon; 1 real $\frac{1}{2}$. Total para 1 legua; 16 reales $\frac{1}{2}$.	*Pour 3 Mules, une Chaise de Poste à 4 roues, appartenant aux Voyageurs avec 2 places dedans et 1 derrière; 15 r, 3 fr. 75 c. Pour 1 Postillon; 1 r. $\frac{1}{2}$, 37 c. $\frac{1}{2}$. Total pour 1 lieue; 16 r. $\frac{1}{2}$, 4 fr. 12 c. $\frac{1}{2}$.*	Para 4 Mulas, una Berlina à 4 ruedas, perteneciente à los Viajeros, con 2 plazas dentro y una detras; 20 reales. Para 2 Postillons; 3 reales. Total para 1 legua 23 reales.	*Pour 4 Mules, une Berline à 4 roues appartenant aux Voyageurs, avec 2 places dedans et 1 derrière; 20 r. 5 f. Pour 2 Postillons; 3 r. 75 c. Total pour 1 lieue; 23 r. 5 f. 75 c.*
Reales vellon.	fr. c.	Reales vellon.	fr. c.	Reales vellon.	fr. c.
120 $\frac{1}{2}$	30 12 $\frac{1}{2}$	175 $\frac{1}{2}$	43 87 $\frac{1}{2}$	241 «	60 25
632 $\frac{1}{2}$	158 12 $\frac{1}{2}$	910. «	227 50	1264 $\frac{1}{2}$	316 12 $\frac{1}{2}$
770 $\frac{1}{2}$	192 62 $\frac{1}{2}$	1108 «	277 «	1540 $\frac{1}{2}$	385 12 $\frac{1}{2}$
885 $\frac{1}{2}$	221 37 $\frac{1}{2}$	1273 «	318 25	1770 $\frac{1}{2}$	442 62 $\frac{1}{2}$
989 «	247 25	1421 $\frac{1}{2}$	355 37 $\frac{1}{2}$	1977 $\frac{1}{2}$	494 37 $\frac{1}{2}$
1058 «	264 50	1520 $\frac{1}{2}$	380 12 $\frac{1}{2}$	2115 $\frac{1}{2}$	528 87 $\frac{1}{2}$
1213 «	303 25	1743 «	435 75	2426 «	606 50
1242 «	310 50	1784 $\frac{1}{2}$	446 12 $\frac{1}{2}$	2483 $\frac{1}{2}$	620 87 $\frac{1}{2}$
1311 «	327 75	1883 $\frac{1}{2}$	470 87 $\frac{1}{2}$	2621 $\frac{1}{2}$	655 37 $\frac{1}{2}$

On a ajouté au produit de chaque somme le prix des quatre lieues de la première Poste, qui se paye double, à raison de 5 réaux, 1 fr. 25 c., pour chaque Mule et par lieue.

N°. 63.

CARRERA	ROUTE
De Madrid à Ubeda, por Aranjuez.	De Madrid à Ubéda, par Aranjuez.

Paradas. *Relais.*	Leguas.	*Lieues.*
De Madrid à Valdemoro.		4
à Aranjuèz.	3	7
à Ocaña.	2	9
à la Guardia.	$3\frac{1}{2}$	$12\frac{1}{2}$
à Tembleque.	2	$14\frac{1}{2}$
à Cañada de la Higuera.	2	$16\frac{1}{2}$
à Madridejos.	2	$18\frac{1}{2}$
al Puerto de Lapiche.	3	$21\frac{1}{2}$
à Villaharta.	2	$23\frac{1}{2}$
à la Casa-Nueva del Rey.	$2\frac{1}{2}$	26
à Manzanares.	$2\frac{1}{2}$	$28\frac{1}{2}$
à Nostra-Siñora de la Consolacion. .	2	$30\frac{1}{2}$
à Valdepeñas.	2	$32\frac{1}{2}$
à Santa-Crux de Mudela.	2	$34\frac{1}{2}$
al Visillo.	2	$36\frac{1}{2}$
à la Venta de Cardenas.	2	$38\frac{1}{2}$
à Santa-Elena.	2	$40\frac{1}{2}$
à la Carolina.	2	$42\frac{1}{2}$
à Guarroman.	2	$44\frac{1}{2}$
à Baylen.	2	$46\frac{1}{2}$
à Linares.	2	$48\frac{1}{2}$
à Baeza.	2	$50\frac{1}{2}$
à Ubeda.	1	$51\frac{1}{2}$

Esta Carrera es montada de Madrid à Baylen, y de Baylen à Ubeda esta no lo es.	*Cette Route est montée de Madrid à Baylen, et de Baylen à Ubéda elle ne l'est pas.*

Nº. 64.

CARRERA	ROUTE
De Madrid à Jaen, por Aranjuez y Baylen.	De Madrid à Jaen, par Aranjuez et Baylen.

Paradas. *Relais.*	Leguas.	*Lieues.*
De Madrid à Valdemoro.		4
à Aranjuez.	3	7
à Ocaña.	2	9
à la Guardia.	$3\frac{1}{2}$	$12\frac{1}{2}$
à Tembleque.	2	$14\frac{1}{2}$
à Cañada de la Higuera.	2	$16\frac{1}{2}$
à Madridejos.	2	$18\frac{1}{2}$
al Puerto de Lapiche.	3	$21\frac{1}{2}$
à Villaharta.	2	$23\frac{1}{2}$
à la Casa-Nueva del Rey.	$2\frac{1}{2}$	26
à Manzanares.	$2\frac{1}{2}$	$28\frac{1}{2}$
à Nostra-Señora de la Consolacion.	2	$30\frac{1}{2}$
à Valdepeñas.	2	$32\frac{1}{2}$
à Santa-Crux de Mudela.	2	$34\frac{1}{2}$
al Visillo.	2	$36\frac{1}{2}$
à la Venta de Cardenas.	2	$38\frac{1}{2}$
à Santa-Elena.	2	$40\frac{1}{2}$
à la Carolina.	2	$42\frac{1}{2}$
à Guarroman.	2	$44\frac{1}{2}$
à Baylen.	2	$46\frac{1}{2}$
à Jaen.	5	$51\frac{1}{2}$

Esta Carrera es montada de Madrid à Baylen, y de Baylen à Jaen no lo es.	Cette Route est montée de Madrid à Baylen, et de Baylen à Jaen elle ne l'est pas.

Nº. 65.

CARRERA	ROUTE
De Madrid à Granada, por Aranjuez y Andujar.	De Madrid à Grenade, par Aranjuez et Andujar.

	Leguas.	Lieues.
De Madrid à Valdemoro.		4
à Aranjuez.	3	7
à Ocaña.	2	9

Paradas. *Relais.*	Leguas.	*Lieues.*
De Madrid à Ocaña.		9
à la Guardia.	$3\frac{1}{2}$	$12\frac{1}{2}$
à Tembleque.	2	$14\frac{1}{2}$
à Cañada de la Higuera.	2	$16\frac{1}{2}$
à Madridejos.	2	$18\frac{1}{2}$
al Puerto de Lapiche.	3	$21\frac{1}{2}$
à Villaharta.	2	$23\frac{1}{2}$
à la Casa-Nueva del Rey.	$2\frac{1}{2}$	26
à Manzanares.	$2\frac{1}{2}$	$28\frac{1}{2}$
à Nostra-Señora de la Consolacion...	2	$30\frac{1}{2}$
à Valdepenas.	2	$32\frac{1}{2}$
à Santa-Cruz de Mudela.	2	$34\frac{1}{2}$
al Visillo.	2	$36\frac{1}{2}$
à la Venta de Cardenas.	2	$38\frac{1}{2}$
à Santa-Elena.	2	$40\frac{1}{2}$
à la Carolina.	2	$42\frac{1}{2}$
à Guarroman.	2	$44\frac{1}{2}$
à Baylen.	2	$46\frac{1}{2}$
à la Casa del Rey.	$2\frac{1}{2}$	49
à Andujar.	$2\frac{1}{2}$	$51\frac{1}{2}$
à Torre Ximeno. . . . . . . : . .	5	$56\frac{1}{2}$
à Alcaudete.	4	$60\frac{1}{2}$
à Alcala la Real.	3	$63\frac{1}{2}$
à Pinos Puente.	5	$68\frac{1}{2}$
à Granada.	3	$71\frac{1}{2}$

Esta Carrera es montada de Madrid à Andujar, y de Andujar à Granada no lo es.	*Cette Route est montée de Madrid à Andujar, et d'Andujar à Grenade elle ne l'est pas.*

~~~~~~~~~~~~~~~~~~~~~~~~~~~

COMUNICACION.	*COMMUNICATION.*

N°. 65 (a).

CARRERA NO MONTADA	*ROUTE NON MONTÉE*
De Granada à Motril.	*De Grenade à Motril.*

	Leguas.	Lieues.
De Granada à Alhendin.		4
à Pinos del Valle.	$2\frac{1}{2}$	$6\frac{1}{2}$

Paradas. *Relais.*	Leguas.	*Lieues.*
De Granada à Pinos del Valle.		6½
à Benaudalla.	4½	11
à Motril.	4	15

N°. 66.

CARRERA	ROUTE
De Madrid à Malaga por Andujar.	*De Madrid à Malaga par Andujar.*

	Leguas	Lieues
De Madrid à Valdemoro.		4
à Aranjuez.	3	7
à Ocaña.	2	9
à la Guardia.	3½	12½
à Tembleque.	2	14½
à Cañada de la Higuera.	2	16½
à Madridejos.	2	18½
al Puerto de Lapiche.	3	21½
à Villaharta.	2	23½
à la Casa-Nueva del Rey.	2½	26
à Manzanares.	2½	28½
à Nostra-Señora de la Consolacion. .	2	30
à Valdepenas.	2	32
à Santa Crux de Mudela.	2	34½
al Visillo.	2	36
à la Venta de Cardenas.	2	38½
à Santa-Elena.	2	40½
à la Carolina.	2	42½
à Guarroman.	2	44½
à Baylen.	2	46½
à la Casa del Rey.	2½	49
à Andujar.	2½	51½
à Porcuna.	3	54
à Baena.	5	59
à Lucena.	4	63
à Benamexi.	3	66½
à Antequera.	4	70½
à Malaga.	8	78½

Esta Carrera es montada de Madrid à Andujar, y de Andujar à Malaga no lo es.	*Cette Route est montée de Madrid à Andujar, et d'Andujar à Malaga elle ne l'est pas.*

| COMUNICACION. | COMMUMICATION. |

N°. 66 (a).

| CARRERA NO MONTADA | ROUTE NON MONTÉE |
| De Malaga à Marbella. | De Malaga à Marbella. |

Paradas. *Relais.*   Leguas. *Lieues.*

De Malaga à Marbella.   5

N°. 67.

| CARRERA MONTADA | ROUTE MONTÉE |
| De Madrid à Cordoba, por Aranjuez y Andujar. | De Madrid à Cordoue, par Aranjuez et Andujar. |

De Madrid à Valdemoro.		4
à Aranjuez.	3	7
à Ocaña.	2	9
à la Guardia.	$3\frac{1}{2}$	$12\frac{1}{2}$
à Tembleque.	2	$14\frac{1}{2}$
à Cañada de la Higuera.	2	$16\frac{1}{2}$
à Madridejos.	2	$18\frac{1}{2}$
al Puerto de Lapiche.	3	$21\frac{1}{2}$
à Villaharta.	2	$23\frac{1}{2}$
à la Casa-Nueva del Rey.	$2\frac{1}{2}$	26
à Manzanares.	$2\frac{1}{2}$	$28\frac{1}{2}$
à Nostra-Señora de la Consolacion. .	2	$30\frac{1}{2}$
à Valdepenas.	2	$32\frac{1}{2}$
à Santa-Crux de Mudela.	2	$34\frac{1}{2}$
al Visillo.	2	$36\frac{1}{2}$
à la Venta de Cardenas.	2	$38\frac{1}{2}$
à Santa-Elena.	2	$40\frac{1}{2}$
à la Carolina.	2	$42\frac{1}{2}$
à Guarroman.	2	$44\frac{1}{2}$
à Baylen.	2	$46\frac{1}{2}$
à la Casa del Rey.	$2\frac{1}{2}$	49
à Andujar.	$2\frac{1}{2}$	$51\frac{1}{2}$
à Aldea del Rio.	$3\frac{1}{2}$	55

Paradas. *Relais.*	Leguas.	*Lieues.*
De Madrid à Aldea del Rio.		55
al Carpio.	$3\frac{1}{2}$	$58\frac{1}{2}$
à la Casablanca del Rey.	$2\frac{1}{2}$	61
à Cordoba.	$2\frac{1}{2}$	$63\frac{1}{2}$

Nº. 68.

CARRERA	ROUTE
De Madrid à San-Roque, por Aranjuez, Andujar, Cordoba y Ecija.	*De Madrid à Saint-Roch, par Aranjuez, Andujar, Cordoue et Ecija.*

Paradas	Leguas	Lieues
De Madrid à Valdemoro.		4
à Aranjuez.	3	7
à Ocaña.	2	9
à la Guardia.	$3\frac{1}{2}$	$12\frac{1}{2}$
à Tembleque.	2	$14\frac{1}{2}$
à Cañada de la Higuera.	2	$16\frac{1}{2}$
à Madridejos.	2	$18\frac{1}{2}$
al Puerto de Lapiche.	3	$21\frac{1}{2}$
à Villaharta.	2	$23\frac{1}{2}$
à la Casa-Nueva del Rey.	$2\frac{1}{2}$	26
à Manzanares.	$2\frac{1}{2}$	$28\frac{1}{2}$
à Nostra-Señora de la Consolacion. .	2	$30\frac{1}{2}$
à Valdepenas.	2	$32\frac{1}{2}$
à Santa-Cruz de Mudela.	2	$34\frac{1}{2}$
al Visillo.	2	$36\frac{1}{2}$
à la Venta de Cardenas.	2	$38\frac{1}{2}$
à Santa-Elena.	2	$40\frac{1}{2}$
à la Carolina.	2	$42\frac{1}{2}$
à Guarroman.	2	$44\frac{1}{2}$
à Baylen.	2	$46\frac{1}{2}$
à la Casa del Rey.	$2\frac{1}{2}$	49
à Andujar.	$2\frac{1}{2}$	$51\frac{1}{2}$
à Aldea del Rio.	$3\frac{1}{2}$	55
al Carpio.	$3\frac{1}{2}$	$58\frac{1}{2}$
à la Casablanca del Rey.	2	61
à Cordoba.	$2\frac{1}{2}$	$63\frac{1}{2}$
à Cortijo de Mango - Negro.	3	$66\frac{1}{2}$
à la Carlota.	3	$69\frac{1}{2}$

Paradas. *Relais.*	Leguas.	*Lieues.*
De Madrid à la Carlota.		71½
à Ecija.	4	73½
à Osuna.	5	78½
à Sancejo.	3	81½
à Ronda.	6	87½
à Gausin.	5	92½
à San-Roque.	6	98½

Esta Carrera es montada de Madrid à Ecija , y de Ecija à San-Roque no lo es.	*Cette Route est montée de Madrid à Ecija , et d'Ecija à Saint-Roch elle ne l'est pas.*

~~~~~~~~~~~~~~~~~~~~~~~~~~~~~~~~~~~~~~~

Comunicaciones de San-Roque à Algeciras , y Ceuta, y de San-Roque à Gibraltar.	*Communications de St.-Roch , à Algéciras et Ceuta , et de Saint-Roch à Gibraltar.*

Nº. 68 (*a*).

CARRERA NO MONTADA	*ROUTE NON MONTÉE*
De San-Roque à Algeciras y Ceuta.	*De Saint-Roch à Algesiras et Ceuta.*

De San-Roque à Algeciras.		2
à Ceuta.	3	5

Nº. 68 (*b*).

CARRERA NO MONTADA	*ROUTE NON MONTÉE*
De San-Roque à Gibraltar y Ceuta.	*De Saint-Roch à Gibraltar et Ceuta.*

De San-Roque à Gibraltar.		2
à Ceuta.	3	2

Sobre la Carrera de San-Roque à Ceuta , si no hay Posta franca	*Sur la Route de Saint-Roch à Ceuta , s'il n'y a point de Poste*

de la Corte, sera menester tener | *franche de la Cour, il faudra*
un permisso del Comandante del | *avoir une permission du Com-*
campo de San-Roque. | *mandant du camp de St.-Roch.*

N°. 69.

CARRERA MONTADA | *ROUTE MONTÉE*

De Madrid à Sevilla, por | *De Madrid à Séville, par*
Aranjuez, Andujar, Cor- | *Aranjuez, Andujar,*
doba y Ecija. | *Cordoue et Ecija.*

Paradas. *Relais.*	Leguas.	*Lieues.*
De Madrid à Valdemoro.		4
à Aranjuez.	3	7
à Ocaña.	2	9
à la Guardia.	$3\frac{1}{2}$	$12\frac{1}{2}$
à Tembleque.	2	$14\frac{1}{2}$
à Cañada de la Higuera.	2	$16\frac{1}{2}$
à Madridejos.	2	$18\frac{1}{2}$
al Puerto de Lapiche.	3	$21\frac{1}{2}$
à Villaharta.	2	$23\frac{1}{2}$
à la Casa-Nueva del Rey.	$2\frac{1}{2}$	26
à Manzanares.	$2\frac{1}{2}$	$28\frac{1}{2}$
à Nostra-Señora de la Consolacion.	2	$30\frac{1}{2}$
à Valdepeñas.	2	$32\frac{1}{2}$
à Santa-Cruz de Mudela.	2	$34\frac{1}{2}$
al Visillo.	2	36
à la Venta de Cardenas.	2	38
à Santa-Elena.	2	40
à la Carolina.	2	42
à Guarroman.	2	44
à Baylen.	2	46
à la Casa del Rey.	$2\frac{1}{2}$	49
à Andujar.	$2\frac{1}{2}$	$51\frac{1}{2}$
à Aldea del Rio.	$3\frac{1}{2}$	55
al Carpio.	$3\frac{1}{2}$	$58\frac{1}{2}$
à la Casablanca del Rey.	$2\frac{1}{2}$	61
à Cordoba.	$2\frac{1}{2}$	$63\frac{1}{2}$
à Cortijo de Mango-Negro.	3	$66\frac{1}{2}$
à la Carlota.	3	$69\frac{1}{2}$
à Ecija.	4	$73\frac{1}{2}$

Paradas. *Relais.*	Leguas.	*Lieues.*
De Madrid à Ecija.		$73\frac{1}{2}$
à Luisiana.	3	$76\frac{1}{2}$
à la Venta de la Portuguesa. . . .	$3\frac{1}{2}$	80
à Carmona.	$2\frac{1}{2}$	$82\frac{1}{2}$
à Mayrena.	2	$84\frac{1}{2}$
à Alcala de Guadayra.	2	$86\frac{1}{2}$
à Sevilla.	2	$88\frac{1}{2}$

~~~~~~

Comunicaciones de Sevilla à Badajoz, Lisboa, Alcantara, Ciudad - Rodrigo, Salamanca, Zamora y Benavente.

Communications de Séville à Badajos, Lisbonne, Alcantara, Ciudad-Rodrigo, Salamanque, Zamora et Bénavente.

N°. 69 (a).

CARRERA NO MONTADA

De Sevilla à Badajos.

ROUTE NON MONTÉE

De Séville à Badajos.

De Sevilla à Santiponce.		1
à la Venta de Guillena.	3	4
à Ronquillo.	3	7
à Santa - Olalla.	4	11
al Monasterio.	4	15
à la Fuente de Cantos.	3	18
à los Santos de Maymona. . . .	4	22
à Santa - Marta.	5	27
à Albuera.	3	30
à Badajoz.	4	34

Nº. 69 (b).

CARRERA	ROUTE
De Sevilla à Lisboa, por Badajoz.	De Séville à Lisbonne, par Badajoz.

Paradas. *Relais.*	Leguas.	Lieues.
De Sevilla à Badajoz. *V.* nº. 69 (a).		34
à Elvas.	3	37
à Alcravizas.	4	41
à Estremos.	2	43
à la Venta del Duque.	3	46
à Arrayolos.	3	49
à Montemor-Novo.	3	52
à las Ventas-Nuevas.	4	56
à los Pregones.	3	59
à Aldea-Gallega.	5	64
à Lisboa.	3	67

De Aldea-Gallega à Lisboa se hacen las 3 leguas en travesando el Tajo ; esta Carrera no es montada que de Badajoz à Lisboa.	D'Aldéa-Gallega à Lisbonne on fait les 3 lieues en traversant le Tage ; cette Route n'est montée que de Badajoz à Lisbonne.

Nº. 69 (c).

CARRERA NO MONTADA	ROUTE NON MONTEE
De Sevilla à Ciudad-Rodrigo, 74 leguas.	De Séville à Ciudad-Rodrigo, 74 lieues.

De Sevilla à Badajoz.	*V.* Nº. 69 (a).		34
De Badajoz à Ciudad-Rodrigo.	*V.* Nº. 79 (c).	40	74

N°. 69 (d).

CARRERA NO MONTADA	ROUTE NON MONTÉE
De Sevilla à Salamanca, 91 leguas.	De Séville à Salamanque, 91 lieues.

Paradas. *Relais.*		Leguas. *·Lieues.*
De Sevilla à Badajoz. *V.* N°. 69 (a).		34
De Badajoz à Salamanca. *V.* N°. 79 (d).	57	91

N°. 69 (e).

CARRERA NO MONTADA	ROUTE NON MONTÉE
De Sevilla à Zamora, ·108 leguas.	·De Séville à Zamora, 108 lieues.

De Sevilla à Badajoz. *V.* N°. 69 (a).		34
De Badajoz à Zamora. *V.* N°. 79 (e).	74	108

N°. 69 (f).

CARRERA NO MONTADA	ROUTE NON MONTÉE
De Sevilla à Benavente, 120 leguas.	De Séville à Bénavente, 120 lieues.

De Sevilla à Badajoz. *V.* N°. 69 (a). . . .		34
De Badajoz à Benavente. *V.* N°. 79 (f). . . .	86	120

N°. 70.

CARRERA MONTADA	ROUTE MONTÉE
De Madrid à Toledo.	De Madrid à Tolède.

De Madrid à Valdemoro.		4
à Illescas.	$2\frac{1}{2}$	$6\frac{1}{2}$

Paradas. *Relais.*   Leguas. *Lieues.*

De Madrid à Illescas. . . . .   6 $\frac{1}{2}$

à Toledo. 6   12 $\frac{1}{2}$

~~~~~~~~~~~~~~~~~~~~~~~~~~~~~~~~~~~~~

Comunicaciones de Toledo à Aranjuez, Maqueda, Madridejos y Orgaz.	Communications de Tolède à Aranjuez, Maquedu, Madridejos et Orgaz.

N°. 7 0 (a).

CARRERA MONTADA	ROUTE MONTÉE
De Toledo à Aranjuez.	De Tolède à Aranjuez.

Do Toledo à Aranjuez.   6

Aranjuez es el segundo Parada situado à 7 leguas de Madrid sobre las Carreras de Granada, Cordoba, Sevilla y Cadiz. Vease la tabla de las Carreras principales, para esta que se necesita allar.	Aranjuez est le second Relais situé à 7 lieues de Madrid, sur les Routes de Grenade, Cordoue, Séville et Cadix. Voyez la table des Routes principales, pour celle où on aura besoin d'aller.

N°. 7 0 (b).

CARRERA MONTADA	ROUTE MONTÉE
De Toledo à Maqueda.	De Tolède à Maqueda.

De Toledo à Maqueda.   6

Maqueda es el quinto Parada situado à 12 leguas de Madrid, sobre las Carreras de Badajos y Lisboa. Vease como qui arriba la tabla de las Carreras principales.	Maqueda est le cinquième Relais situé à 12 lieues de Madrid, sur les Routes de Badajos et Lisbonne. Voyez, comme ci-dessus, la table des Routes principales.

N°. 70 (c).

CARRERA MONTADA	ROUTE MONTEE
De Toledo à Madridejos.	De Tolède à Madridejos.

Paradas. *Relais.*	Leguas.	*Lieues.*
De Toledo à Almonacid.		2 ½
à Mora.	1 ½	4
à Madridejos.	6	10

Madridejos es el septimo Parada situado à 18 leguas ½ de Madrid, sobre las Carreras de Granada, Cordoba, Sevilla y Cadiz. Vease como qui arriba la tabla de las Carreras principales.

Madridejos est le septième Relais situé à 18 lieues ½ de Madrid, sur les Routes de Grenade, Cordoue, Séville et Cadix. Voyez, comme ci-dessus, la table des Routes principales.

N°. 70 (d).

CARRERA NO MONTADA	ROUTE NON MONTEE
De Toledo à Orgaz.	De Tolède à Orgaz.

De Toledo à Orgaz.   5

~~~~~~

CARRERAS	ROUTES
De Madrid à las Ciudades principales de la Provincia de la Estremadura y de Lisboa, en Portugal.	*De Madrid aux Villes principales de la Province de l'Estramadure et de Lisbonne, en Portugal.*
Con las comunicaciones de algunas de estas Ciudades à otras notables.	*Avec les communications de quelques unes de ces Villes à d'autres remarquables.*

Nº. 71.

CARRERA MONTADA	ROUTE MONTEE
De Madrid à Lisboa, por Talavera de la Reyna, Almaraz, Truxillo, Merida y Badajoz.	*De Madrid à Lisbonne, par Talavera de la Reyna, Almaraz, Truxillo, Mérida y Badajoz.*

Paradas. *Relais.*	Legùas.	*Lieues.*
De Madrid à Mostoles.		3
à Novalcarnero.	2	5
à Valmojado.	2	7
à Santa-Cruz del Retamar.	3	10
à Maqueda.	2	12
à Seralbo.	3	15
à Casalejas.	2	17
à Talavera de la Reyna.	2	19
à el Cañizo.	4	23
à la Calzada de Oropesa.	4	27
à Novalmoral de Plasencia.	4	31
à Almaraz.	2	33
à las Casas del Puerto de Miravete.	2	35
à Jaraycejo.	2	37

Paradas. *Relais.*	Leguas.	*Lieues.*
De Madrid à Jaraycejo.		37
à Carrascal.	2	39
à Truxillo.	2	41
à las Casas del Puerto de Santa-Cruz.	3	44
à Meajadas.	3	47
à la Venta de la Guia.	3	50
à San-Pedro de Merida.	3	53
à Merida.	2	55
à Perales.	3	58
à Talavera la Real.	3	61
à Badajoz.	3	64
à Elvas.	3	67
à Alcravizas.	4	71
à Estremos.	2	73
à la Venta del Duque.	3	76
à Arrayolos.	3	79
à Montemor-Novo.	3	82
à las Ventas-Nuevas.	4	86
à los Pregones.	3	89
à Aldea-Gallega.	5	94
à Lisboa.	3	97

De Aldea-Gallega à Lisboa, se hacen las 3 leguas en travesando el Tajo.	*D'Aldéa-Gallega à Lisbonne, on fait les 3 lieues en traversant le Tage.*

Nº. 72.

CARRERA MONTADA	*ROUTE MONTEE*
De Madrid à Talavera de la Reyna.	*De Madrid à Talavera de lo Reyna.*

	Leguas.	Lieues.
De Madrid à Mostoles.		3
à Navalcarnero.	2	5
à Valmojado.	2	7
à Santa-Cruz del Retamar. . . .	3	10
à Maqueda.	2	12
à Seralbo.	3	15
à Casalejas.	2	17
à Talavera de la Reyna.	2	19

N°. 73.

CARRERA MONTADA	ROUTE MONTÉE
De Madrid à Almaraz, por Talavera de la Reyna.	De Madrid à Almaraz, par Talavera de la Reyna.

Paradas. *Relais.*	Leguas.	Lieues.
De Madrid à Mostoles.		3
à Navalcarnero.	2	5
à Valmojado.	2	7
à Santa-Cruz del Retamar.	3	10
à Maqueda.	2	12
à Seralbo.	3	15
à Casalejas.	2	17
à Talavera de la Reyna.	2	19
à el Cañizo.	4	23
à la Calzada de Oropesa.	4	27
à Navalmoral de Plasencia. . . .	4	31
à Almaraz.	2	33

N°. 74.

CARRERA MONTADA	ROUTE MONTÉE
De Madrid à Truxillo, por Talavera de la Reyna y Almaraz.	De Madrid à Truxillo, par Talavera de la Reyna et Almaraz.

De Madrid à Mostoles.		3
à Navalcarnero.	2	5
à Valmojado.	2	7
à Santa-Cruz del Retamar.	3	10
à Maqueda.	2	12
à Seralbo.	3	15
à Casalejas.	2	17
à Talavera de la Reyna.	2	19
à el Cañizo.	4	23
à la Calzada de Oropesa.	4	27
à Navalmoral de Plasencia.	4	31

Paradas. *Relais.*		Leguas.	*Lieues.*
De Madrid à Novalmoral de Plasencia.			31
à Almaraz.		2	33
à las Casas del Puerto de Miravete..		2	35
à Jaraycejo.		2	37
à Carrascal.		2	39
à Truxillo.		2	41

Nº. 75.

CARRERA MONTADA	*ROUTE MONTÉE*
De Madrid à Merida, por Talavera de la Reyna, Almaraz y Truxillo.	*De Madrid à Mérida, par Talavera de la Reyna, Almaraz et Truxillo.*

De Madrid à Mostoles.			3
à Novalcarnero.		2	5
à Valmojado.		2	7
à Santa – Cruz del Retamar.		3	10
à Maqueda.		2	12
à Seralbo.		3	15
à Casalejas.		2	17
à Talavera de la Reyna.		2	19
à el Cañizo.		4	23
à la Calzada de Oropesa.		4	27
à Novalmoral de Plasencia.		4	31
à Almaraz.		2	33
à las Casas del Puerto de Miravete.		2	35
à Jaraycejo.		2	37
à Carrascal.		2	39
à Truxillo.		2	41
à las Casas del Puerto de Santa-Cruz.		3	44
à Meajadas.		3	47
à la Venta de la Guia.		3	50
à San-Pedro de Merida.		3	53
à Merida.		2	55

N°. 76.

CARRERA	ROUTE
De Madrid à Llerna, por Talavera de la Reyna, Almaraz, Truxillo y Merida.	De Madrid à Llerna, par Talavera de la Reyna, Almaraz, Truxillo et Mérida.

Paradas. *Relais.*	Leguas.	Lieues.
De Madrid à Mostoles.		3
à Navalcarnero.	2	5
à Valmojado.	2	7
à Santa-Cruz del Retamar.	3	10
à Maqueda.	2	12
à Seralbo.	3	15
à Casalejas.	2	17
à Talavera de la Reyna.	2	19
à el Cañizo.	4	23
à la Calzada de Oropesa.	4	27
à Navalmoral de Plasencia.	4	31
à Almaraz.	2	33
à las Casas del Puerto de Miravete.	2	35
à Jaraycejo.	2	37
à Carrascal.	2	39
à Truxillo.	2	41
à las Casas del Puerto de Santa-Cruz.	3	44
à Meajadas.	3	47
à la Venta de la Guia.	3	50
à San-Pedro de Merida.	3	53
à Merida.	2	55
à Torremegi.	2	57
à Almendralejo.	2	59
à Zafra.	5	64
à Bienvenida.	4	68
à Llerna.	3	71

Esta Carrera es montada de Madrid à Merida; y de Merida à Llerna no lo es.	Cette Route est montée de Madrid à Mérida, et de Mérida à Llerna elle ne l'est pas.

N°. 77.

CARRERA	ROUTE
De Madrid à Xerez de los Caballeros, por Talavera de la Reyna, Almaraz, Truxillo y Merida.	De Madrid à Xérez de los Caballeros, par Talavera de la Reyna, Almaraz, Truxillo et Mérida.

Paradas. *Relais.*	Leguas.	*Lieuæ.*
De Madrid à Mostoles.		3
à Navalcarnero.	2	5
à Valmojado.	2	7
à Santa-Cruz del Retamar.	3	10
à Maqueda.	2	12
à Seralbo.	3	15
à Casalejas.	2	17
à Talavera de la Reyna.	2	19
à el Cañizo.	4	23
à la Calzada de Oropesa.	4	27
à Navalmoral de Plasencia.	4	31
à Almaraz.	2	33
à las Casas del Puerto de Miravete..	2	35
à Jaraycejo.	2	37
à Carrascal.	2	39
à Truxillo.	2	41
à las Casas del Puerto de Santa-Cruz.	3	44
à Meajadas.	3	47
à la Venta de la Guia.	3	50
à San-Pedro de Merida.	3	53
à Merida.	2	55
à Torremegi.	2	57
à Almendralejo.	2	59
à Zafra.	5	64
à Xerez de los Caballeros.	5	69

Esta Carrera es montada de Madrid à Merida; y de Merida à Xerez no lo es.	Cette Route est montée de Madrid à Mérida, et de Mérida à Xérez elle ne l'est pas.

Nº. 78.

CARRERA MONTADA	ROUTE MONTÉE
De Madrid à Badajoz, por Talavera de la Reyna, Almaraz , Truxillo y Merida.	De Madrid à Badajoz , par Talavera de la Reyna , Almaraz , Truxillo et Mérida.

Paradas. *Relais.*	Leguas.	*Lieues.*
De Madrid à Mostoles..		3
à Navalcarnero.	2	5
à Valmojado.	2	7
à Santa-Cruz del Retamar.	3	10
à Maqueda.	2	12
à Seralbo.	3	15
à Casalejas.	2	17
à Talavera de la Reyna.	2	19
à el Cañizo.	4	23
à la Calzada de Oropeza.	4	27
à Navalmoral de Plasencia.	4	31
à Almaraz.	2	33
à las Casas del Puerto de Miravete..	2	35
à Jaraycejo.	2	37
à Carrascal.	2	39
à Truxillo.	2	41
à las Casas del Puerto de Santa-Cruz.	3	44
à Meajadas.	3	47
à la Venta de la Guia.	3	50
à San-Pedro de Merida.	3	53
à Merida.	2	55
à Perales.	3	58
à Talavera la Real.	3	61
à Badajoz.	3	64

N°. 79.

CARRERA	ROUTE
De Madrid à Badajoz, por Talavera de la Reyna, Almaraz , Plasencia , Coria y Alcantara.	De Madrid à Badajoz, par Talavera de la Reyna, Almaraz , Plasencia , Coria et Alcantara.

Paradas. *Relais.*	Leguas.	*Lieues.*
De Madrid à Mostoles.		3
à Navalcarnero.	2	5
à Valmojado.	2	7
à Santa-Cruz del Retamar.	3	10
à Maqueda.	2	12
à Seralbo.	3	15
à Casalejas.	2	17
à Talavera de la Reyna.	2	19
à el Cañizo.	4	23
à la Calzada de Oropesa.	4	27
à Navalmoral de Plasencia.	4	31
à Almaraz.	2	33
à la Venta de la Vazabona.	4	37
à Malpartida.	3	40
à Plasencia.	1	41
à Galisteo.	3	44
à Coria.	5	49
à la Zarza.	4	53
à Alcantara.	3	56
à Membrio.	5	61
à Albuquerque.	6	67
à Badajoz.	6	73

Esta Carrera es montada de Madrid à Almaraz, y de Almaraz à Badajoz no lo es ; tiene 9 leguas mas que la precedente.	Cette Route est montée de Madrid à Almaraz, et d'Almaraz à Badajoz elle ne l'est pas ; elle a 9 lieues de plus que la précédente.

| Comunicaciones de Badajoz à Sevilla, Ciudad-Rodrigo, Salamanca, Zamora y Benavente. | Communications de Badajoz à Séville, Ciudad-Rodrigo, Salamanque, Zamora et Bénavente. |

Nº. 79 (a).

| CARRERA NO MONTADA | ROUTE NON MONTÉE |
| De Badajoz à Sevilla. | De Badajoz à Séville. |

Paradas. Relais.	Leguas.	Licues.
De Badajoz à Albuera.		4
à Santa-Marta.	3	7
à los Santos de Maymona.	5	12
à la Fuente de Cantos.	4	16
al Monasterio.	3	19
à Santa-Olalla.	4	23
à Ronquillo.	4	27
à la Venta de Guillena.	3	30
à Santiponce.	3	33
à Sevilla.	1	34

Nº. 79 (b).

| CARRERA | ROUTE |
| De Badajoz à Cadiz, por Sevilla. | De Badajoz à Cadix, par Séville. |

	Leguas	Licues
De Badajoz à Sevilla. V. Nº. 79 (a).		34
De Sevilla à Utrera.	3	37
à Ventorillo de las Torres de Locaz.	$3\frac{1}{2}$	$40\frac{1}{2}$
à la Real Casa del Cuervo.	$3\frac{1}{2}$	44
à Xerez de la Frontera.	$3\frac{1}{2}$	$47\frac{1}{2}$
al Puerto de Santa-Maria.	$2\frac{1}{2}$	50
à la Isla de Leon.	3	53

Paradas. *Relais.*		Leguas.	*Lieues.*
De Sevilla à la Isla de Leon.			53
à Cadiz.		3	56

Esta Carrera, de Badajoz à Sevilla no es montada , y de Sevilla à Cadiz lo esta.	*Cette Route, de Badajoz à Séville n'est pas montée , et de Séville à Cadix elle l'est.*

N°. 79 (c).

CARRERA NO MONTADA	*ROUTE NON MONTÉE*
De Badajoz à Ciudad-Rodrigo.	*De Badajoz à Ciudad-Rodrigo.*

	Leguas.	Lieues.
De Badajoz à Alburquerque.		6
à Membrio.	6	12
à Alcantara.	5	17
à la Zarza.	3	20
à Coria.	4	24
à la Moraleja.	2	26
à Gata.	3	29
à Robleda.	6	35
à Ciudad-Rodrigo.	5	40

N°. 79 (d).

CARRERA NO MONTADA	*ROUTE NON MONTEE*
De Badajoz à Salamanca , por Alcantara y Ciudad-Rodrigo.	*De Badajoz à Salamanque par Alcantara et Ciudad-Rodrigo.*

	Leguas.	Lieues.
De Badajoz à Albuquerque.		6
à Membrio.	6	12
à Alcantara.	5	17
à la Zarza.	3	20
à Coria.	4	24
à la Moraleja.	2	26
à Gata.	3	29
à Robleda.	6	35
à Ciudad-Rodrigo.	5	40

Paradas. *Relais.*	Leguas.	*Lieues.*
De Badajoz à Ciudad-Rodrigo.		40
à Martin del Rio.	5	5
à la Boveda de Castro.	5	45
à Cabradilla.	3	53
à Salamanca.	4	57

Nº. 79 (e).

CARRERA NO MONTADA	ROUTE NON MONTÉE
De Badajoz à Zamora, por Alcantara, Ciudad-Rodrigo y Salamanca.	De Badajoz à Zamora, par Alcantara, Ciudad-Rodrigo et Salamanque.

	Leguas.	Lieues.
De Badajoz à Albuquerque.		6
à Membrio.	6	12
à Alcantara.	5	17
à la Zarza.	3	20
à Coria.	4	24
à la Moraleja.	2	26
à Gata.	3	29
à Robleda.	6	35
à Ciudad-Rodrigo.	5	40
à Martin del Rio.	5	45
à la Boveda de Castro.	5	50
à Cabradilla.	3	53
à Salamanca.	4	57
à la Calzada de don Diego.	4	61
à la Boveda de Toro.	4	65
à Ledesma.	4	69
à Zamora.	5	74

N°. 79 (f).

CARRERA NO MONTADA	ROUTE NON MONTÉE
De Badajoz à Benavente, por Alcantara, Ciudad-Rodrigo, Salamanca y Zamora.	*De Badajoz à Bénavente, par Alcantara, Ciudad-Rodrigo, Salamanque et Zamora.*

Paradas. *Relais.*	Leguas.	*Lieues.*
De Badajoz à Albuquerque.		6
à Membrio.	6	12
à Alcantara.	5	17
à la Zarza.	3	20
à Coria.	4	24
à la Moraleja.	2	26
à Gata.	3	29
à Robleda.	6	35
à Ciudad-Rodrigo.	5	40
à Martin del Rio.	5	45
à la Boveda de Castro.	5	50
à Cabradilla.	3	53
à Salamanca.	4	57
à la Calzada de don Diego.	4	61
à la Boveda de Toro.	4	65
à Ledesma.	4	69
à Zamora.	5	74
à Peñausende.	5	79
à Riego.	3	82
à Benavente.	4	86

N°. 80.

CARRERA	ROUTE
De Madrid à Plasencia, por Almaraz.	*De Madrid à Plasencia, par Almaraz.*

De Madrid à Mostoles.		3
à Navalcarnero.	2	5

Paradas. *Relais.*	Leguas.	*Lieues.*
De Madrid à Navalcarnero.		5
à Valmojado.	2	7
à Santa-Cruz del Retamar.	3	10
à Maqueda.	2	12
à Seralbo.	3	15
à Casalejas.	2	17
à Talavera de la Reyna.	2	19
à el Cañizo.	4	23
à la Calzada de Oropesa.	4	27
à Navalmoral.	4	31
à Almaraz.	2	33
à la Venta de la Vazabona.	4	37
à Malpartida.	3	40
à Plasencia.	1	41

Esta Carrera es montada de Madrid à Almaraz , y de Almaraz à Plasencia no lo es.	Cette Route est montée de Madrid à Almaraz , et d'Almaraz à Plasencia elle ne l'est pas.

N°. 81.

[CARRERA	ROUTE
De Madrid à Alcantara , por Talavera de la Reyna, Almaraz y Plasencia.]	De Madrid à Alcantara , par Talavera de la Reyna, Almaraz et Plasencia.

De Madrid à Mostoles.		3
à Navalcarnero.	2	5
à Valmojado.	2	7
à Santa-Cruz del Retamar.	3	10
à Maqueda.	2	12
à Seralbo.	3	15
à Casalejas.	2	17
à Talavera de la Reyna.	2	19
à el Cañizo.	4	23
à la Calzada de Oropesa.	4	27
à Navalmoral.	4	31
à Almaraz.	2	33
à la Venta de la Vazabona.	4	37
à Malpartida.	3	40
à Plasencia.	1	41

Paradas. *Relais.*		Leguas.	*Lieues.*
De Madrid à Plasencia.			41
à Galisteo.	3		44
à Coria.	5		49
à Zarza.	4		53
à Alcantara.	3		56

Esta Carrera es montada de Madrid à Almaraz, y de Almaraz à Alcantara no lo es.

Cette Route est montée de Madrid à Almaraz, et d'Almaraz à Alcantara elle ne l'est pas.

~~~~~~

CARRERAS

De Madrid à las Ciudades principales de las provincias del Reyno de Leon y de la Galicia.

Con las comunicaciones de algunas de estas Ciudades à otras notables.

ROUTES

De Madrid aux Villes principales des Provinces du Royaume de Léon et de la Galice.

Avec les communications de quelques unes de ces Villes à d'autres remarquables.

Nº. 82.

CARRERA MONTADA

De Madrid à la Coruña, por Medina del Campo, Benavente y Lugo.

ROUTE MONTÉE

De Madrid à la Corogne, par Médina del Campo, Bénavente et Lugo.

De Madrid à Abulagas.		2
al Puente del Retamar.	2	4
à Galapagar.	2½	6½
à Guadarrama.	3	9½
à la Fonda de San-Rafael.	2½	12
à Villacastin.	3	15

Paradas. *Relais.*	Leguas.	*Lieues.*
De Madrid à Villacastin.		15
à Labajos.	2	17
à Adanero.	2	19
à Arevalo.	3	22
à Ataquines.	3	25
à Medina del Campo.	3	28
à Rueda.	2	30
à Tordesillas. . . . . . :	2	32
à la Vega de Valdetroncos.	2	34
à la Villar de Frades.	3	37
à Villalpando.	4	41
à San-Esteban del Molar.	2	43
à Benavente.	2	45
al Puente de la Bisana.	3	48
à la Bañeza.	4	52
à Astorga.	$3\frac{1}{2}$	$55\frac{1}{2}$
à Manzanal.	$3\frac{1}{2}$	59
à Bembibre.	$3\frac{1}{2}$	$62\frac{1}{2}$
à Cubillos.	$2\frac{1}{2}$	65
à Villafranca del Vierzo.	3	68
à Ruitalan.	4	72
à la Venta de Noceda.	$3\frac{1}{2}$	$75\frac{1}{2}$
à Becerrea.	3	$78\frac{1}{2}$
à Sobrado.	3	$81\frac{1}{2}$
à Lugo.	3	$84\frac{1}{2}$
à Valdomar.	3	$87\frac{1}{2}$
à Guitiriz.	3	$90\frac{1}{2}$
à Monte Salgueyro.	$2\frac{1}{2}$	93
à Betanzos.	$2\frac{1}{2}$	$95\frac{1}{2}$
à la Coruña.	3	$98\frac{1}{2}$

Se cuenta por mar, de la Coruna al Ferrol, 4 leguas; pero la Carrera la mas comoda es la de Betanzos por Cavanas. Vease nombre 84.

Il y a par mer de la Corogne au Ferrol 4 lieues; mais la Route la plus commode est celle de Bétanzos par Cavanas. Voy. n°. 84.

N°. 83.

CARRERA MONTADA	ROUTE MONTÉE
De Madrid à la Coruña, por Medina del Campo, Benavente, Orense y Santiago.	De Madrid à la Corogne, par Médina del Campo, Bénavente, Orensé et Santiago.

Paradas. *Relais.*	Leguas.	Lieues.
De Madrid à Abulagas.		2
al Puente del Retamar.	2	4
à Galapagar.	2½	6½
à Guadarrama.	3	9½
à la Fonda de San-Rafael.	2½	12
à Villacastin.	3	15
à Labajos.	2	17
à Adanero.	2	19
à Arevalo.	3	22
à Ataquines.	3	25
à Medina del Campo.	3	28
à Rueda. , ...	2	30
à Tordesillas.	2	32
à la Vega de Valdetroncos.	2	34
al Villar de Frades.	3	37
à Villalpando.	4	41
à San-Esteban del Molar.	2	43
à Benavente.	2	45
à Sitrama.	3	48
à la Vega de Tera.	3	51
à Mombuey.	3	54
à Remesal.	3	57
à Requejo de Sanabria.	3	60
à Luvian.	3½	63½
à Cañizo.	3½	67
al Novallo.	3	70
à Verin.	4	74
à Abavides.	3	77
à Alloriz.	3	80
à Orense.	4	84
al Piñor.	2½	86½

Paradas. *Relais.*		Leguas.	*Lieues.*
De Madrid al Piñor.			86½
à Villanueva de la Gesta.		4	90½
à Castrovite.		4	94½
à Santiago.		4	98½
à Carral.		4	102½
à Paulo.		3	105½
à la Coruña.		3	108½

Esta Carrera es mas larga de 10 leguas que la precedente.

Cette Route est plus longue de 10 lieues que la précédente.

N°. 84.

CARRERA MONTADA	*ROUTE MONTÉE*
De Madrid al Ferrol, por Medina del Campo, Benavente y Lugo.	*De Madrid au Ferrol, par Médina del Campo, Bénavente et Lugo.*

	Leguas	Lieues
De Madrid à Abulagas.		2
al Puente del Retamar.	2	4
à Galapagar.	2½	6½
à Guadarrama.	3	9½
à la Fonda de San-Rafael.	2½	12
à Villacastin.	3	15
à Labajos.	2	17
à Adanero.	2	19
à Arevalo.	3	22
à Ataquines.	3	25
à Medina del Campo.	3	28
à Rueda.	2	30
à Tordesillas.	2	32
à la Vega de Valdetroncos.	2	34
al Villar de Frades.	3	37
à Villalpando.	4	41
à San-Esteban del Molar.	2	43
à Benavente.	2	45
al Puente de la Bisana.	3	48
à la Bañeza.	4	52
à Astorga.	3½	55½
à Manzanal.	3½	59

Paradas. *Relais.*		Leguas.	*Lieues.*
De Madrid à Manzanal.			59
à Bembibre.	$3\frac{1}{2}$		$62\frac{1}{2}$
à Cubillos.	$2\frac{1}{2}$		65
à Villafranca del Vierzo.	3		68
à Ruitalan.	4		72
à la Venta de Noceda.	$3\frac{1}{2}$		$75\frac{1}{2}$
à Becerrea.	3		$78\frac{1}{2}$
à Sobrado.	3		$81\frac{1}{2}$
à Lugo.	3		$84\frac{1}{2}$
à Valdomar.	3		$87\frac{1}{2}$
à Guitiriz.	3		$90\frac{1}{2}$
à Monte Salgueyro.	$2\frac{1}{2}$		93
à Betanzos.	$2\frac{1}{2}$		$95\frac{1}{2}$
à Cavanas..	$3\frac{1}{2}$		99
al Ferrol.	$2\frac{1}{2}$		$101\frac{1}{2}$

Nº. 85.

CARRERA MONTADA	*ROUTE MONTÉE*
De Madrid à Santiago, por Medina del Campo, Benavente y Orense.	*De Madrid à Santiago, par Médina del Campo, Bénavente et Orensé.*

De Madrid à Abulagas.		
De Madrid à Abulagas.		2
al Puente del Retamar.	2	4
à Galapagar.	$2\frac{1}{2}$	$6\frac{1}{2}$
à Guadarrama.	3	$9\frac{1}{2}$
à la Fonda de san-Rafael.	$2\frac{1}{2}$	12
à Villacastin.	3	15
à Labajos.	2	17
à Adanero.	2	19
à Arevalo.	3	22
à Ataquines.	3	25
à Medina del Campo.	3	28
à Rueda.	2	30
à Tordesillas.	2	32
à la Vega de Valdetroncos.	2	34
al Villar de Frades.	3	37
à Villalpando.	4	41
à San-Esteban del Molar.	2	43

Paradas. *Relais.*	Leguas.	*Lieues.*
De Madrid à San-Esteban del Molar.		43
à Benavente.	2	45
à Sitrama.	3	48
à la Vega de Tera.	3	51
à Mombuey.	3	54
à Remesal.	3	57
à Requejo de Sanabria.	3	60
à Luvian.	$3\frac{1}{2}$	$63\frac{1}{2}$
à Cañizo.	$3\frac{1}{2}$	67
al Novallo.	3	70
à Verin.	4	74
à Abavides.	3	77
à Alloriz.	3	80
à Orense.	4	84
al Piñor.	$2\frac{1}{2}$	$86\frac{1}{2}$
à Villanueva de Gesta.	4	$90\frac{1}{2}$
à Castrovite.	4	$94\frac{1}{2}$
à Santiago.	4	$98\frac{1}{2}$

Nº. 86.

CARRERA	ROUTE
De Madrid al Puerto de Pontevedra, por Medina del Campo, Benavente y Orense.	*De Madrid au Port de Pontevedra, par Médina del Campo, Bénavente et Orensé.*

	Leguas.	Lieues.
De Madrid à Abulagas.		2
al Puente del Retamar.	2	4
à Galapagar.	$2\frac{1}{2}$	$6\frac{1}{2}$
à Guadarrama.	3	$9\frac{1}{2}$
à la Fonda de San-Rafael.	$2\frac{1}{2}$	12
à Villacastin.	3	15
à Labajos.	2	17
à Adanero.	2	19
à Arevalo.	3	22
à Ataquines.	3	25
à Medina del Campo.	3	28
à Rueda.	2	30
à Tordesillas.	2	32

Paradas. *Relais.*	Leguas.	*Lieues.*
De Madrid à Tordesillas.		32
à la Vega de Valdetroncos.	2	34
al Villar de Frades.	3	37
à Villalpando.	4	41
à San-Esteban del Molar.	2	43
à Benavente.	2	45
à Sitrama.	3	48
à la Vega de Tera.	3	51
à Mombuey.	3	54
à Remesal.	3	57
à Requejo de Sanabria.	3	60
à Luvian.	$3\frac{1}{2}$	$63\frac{1}{2}$
à Cañizo.	$3\frac{1}{2}$	67
al Novallo.	3	70
à Verin.	4	74
à Abavides.	3	77
à Alloriz.	3	80
à Orense.	4	84
à Meside.	3	87
à Boberas.	2	89
à Cerdedo.	4	93
à San-Jorge de Sacos.	2	95
al Puerto de Pontevedra.	3	98

Esta Carrera és montada de Madrid à Orense, y de Orense à Pontevedra no lo es.	*Cette Route est montée de Madrid à Orensé, et d'Orensé à Pontevedra elle ne l'est pas.*

Nº. 87.

CARRERA	ROUTE
De Madrid al Puerto de Vigo, por Medina del Campo, Benavente y Orense.	*De Madrid au Port de Vigo, par Médina del Campo, Bénavente et Orensé.*

	Leguas	Lieues
De Madrid à Abulagas.		2
al Puente del Retamar.	2	4
à Galapagar.	$2\frac{1}{2}$	$6\frac{1}{2}$
à Guadarrama.	3	$9\frac{1}{2}$
à la Fonda de San-Rafael.	$2\frac{1}{2}$	12

Paradas. *Relais.*	Leguas.	Lieues.
De Madrid à la Fonda de San-Rafael.		12
à Villacastin.	3	15
à Labajos. ·	2	17
à Adanero.	2	19
à Arevalo.	3	22
à Ataquines.	3	25
à Medina del Campo.	3	28
à Rueda.	2	30
à Tordesillas.	2	32
à la Vega de Valdetroncos.	2	34
al Villar de Frades.	3	37
à Villalpando.	4	41
à San-Esteban del Molar.	2	43
à Benavente.	2	45
à Sitrama.	3	48
à la Vega de Tera.	3	51
à Mombuey.	3	54
à Remesal.	3	57
à Requejo de Sanabria.	3	60
à Luvian.	$3\frac{1}{2}$	$63\frac{1}{2}$
à Cañizo.	$3\frac{1}{2}$	67
al Novallo.	3	70
à Verin.	4	74
à Abavides.	3	77
à Alloriz.	3	80
à Orense.	4	84
à Ribadavia.	4	88
à Franqueyra.	3	91
al Puente de Aras.	2	93
à Porriño.	2	95
al Puerto de Vigo.	2	97

Esta Carrera es montada de Madrid à Orense, y de Orense à Vigo no lo es.

Cette Route est montée de Madrid à Orensé, et d'Orensé à Vigo elle ne l'est pas.

Nº. 88.

CARRERA	ROUTE
De Madrid à Tuy, por Medina del Campo, Benavente y Orense.	De Madrid à Tuy, par Médina del Campo, Bénavente et Orensé.

Paradas. *Relais.*	Leguas.	*Lieues.*
De Madrid à Abulagas.		2
al Puente del Retamar.	2	4
à Galapagar.	2½	6½
à Guadarrama.	3	9½
à la Fonda de San-Rafael.	2½	12
à Villacastin.	3	15
à Labajos.	2	17
à Adanero.	2	19
à Arevalo.	3	22
à Ataquines.	3	25
à Medina del Campo.	3	28
à Rueda.	2	30
à Tordesillas.	2	32
à la Vega de Valdetroncos.	2	34
al Villar de Frades.	3	37
à Villalpando.	4	41
à San-Esteban del Molar.	2	43
à Benavente.	2	45
à Sitrama.	3	48
à la Vega de Tera.	3	51
à Mombuey.	3	54
à Remesal.	3	57
à Requejo de Sanabria.	3	60
à Luvian.	3½	63½
à Cañizo.	3½	67
al Novallo.	3	70
à Verin.	4	74
à Abavides.	3	77
à Alloriz.	3	80
à Orense.	4	84
à Ribadavia.	4	88
à Franqueyra.	3	91

Paradas. *Relais.*	Leguas.	*Lieues.*
De Madrid à Franqueyra.		91
à Codesas.	2	93
à Tuy.	2	95

Esta Carrera es montada de Madrid à Orense, y de Orense à Tuy no lo es.	*Cette Route est montée de Madrid à Orensé, et d'Orensé à Tuy elle ne l'est pas.*

Nº. 89.

CARRERA MONTADA	*ROUTE MONTÉE*
De Madrid à Orense, por Medina del Campo y Benavente.	*De Madrid à Orensé, par Medina del Campo et Bénavente.*

	Leguas	Lieues
De Madrid à Abulagas.		2
al Puente del Retamar.	2	4
à Galapagar.	$2\frac{1}{2}$	$6\frac{1}{2}$
à Guadarrama.	3	$9\frac{1}{2}$
à la Fonda de San-Rafael. . . .	$2\frac{1}{2}$	12
à Villacastin.	3	15
à Labajos.	2	17
à Adanero.	2	19
à Arevalo.	3	22
à Ataquines.	3	25
à Medina del Campo.	3	28
à Rueda.	2	30
à Tordesillas.	2	32
à la Vega de Valdetroncos.	2	34
al Villar de Frades.	3	37
à Villalpando.	4	41
à San-Esteban de Molar.	2	43
à Benavente.	2	45
à Sitrama.	3	48
à la Vega de Tera.	3	51
à Mombuey.	3	54
à Remesal.	3	57
à Requejo de Sanabria.	3	60
à Luvian.	$3\frac{1}{2}$	$63\frac{1}{2}$
à Cañizo.	$3\frac{1}{2}$	67

Paradas. *Relais.*	Leguas.	*Lieues.*
De Madrid à Cañizo.		67
al Novallo.	3	70
à Verin.	4	74
à Abavides.	3	77
à Alloriz.	3	80
à Orense.	4	84

Nº. 90.

CARRERA	ROUTE
De Madrid à Mondoñedo, por Medina del Campo, Benavente y Lugo.	De Madrid à Mondognédo par Médina del Campo, Bénavente et Lugo.

	Leguas	Lieues
De Madrid à Abulagas.		2
al Puente del Retamar.	2	4
à Galapagar.	$2\frac{1}{2}$	$6\frac{1}{2}$
à Guadarrama.	3	$9\frac{1}{2}$
à la Fonda de San-Rafael. . . .	$2\frac{1}{2}$	12
à Villacastin.	3	15
à Labajos.	2	17
à Adanero.	2	19
à Arevalo.	3	22
à Ataquines.	3	25
à Medina del Campo.	3	28
à Rueda.	2	30
à Tordesillas.	2	32
à la Vega de Valdetroncos. . . .	2	34
al Villar de Frades.	3	37
à Villalpando.	4	41
à San-Esteban del Molar.	2	43
à Benavente.	2	45
al Puente de la Bisana.	3	48
à la Bañeza.	4	52
à Astorga.	$3\frac{1}{2}$	$55\frac{1}{2}$
à Manzanal.	$3\frac{1}{2}$	59
à Bembibre.	$3\frac{1}{2}$	$62\frac{1}{2}$
à Cubillos.	$2\frac{1}{2}$	65
à Villafranca del Vierzo.	3	68
à Ruitalan.	4	72

Paradas. *Relais.*		Leguas.	Lieues.
De Madrid à Ruitalan.			72
à la Venta de Noceda.		$3\frac{1}{2}$	$75\frac{1}{2}$
à Becerrea.		3	$78\frac{1}{2}$
à Sobrado.		3	$81\frac{1}{2}$
à Lugo.		3	$84\frac{1}{2}$
à Bendia.		3	$87\frac{1}{2}$
à Reygosa.		3	$90\frac{1}{2}$
à Mondoñedo.		3	$93\frac{1}{2}$

Esta Carrera es montada de Madrid à Lugo , y de Lugo à Mondonedo no lo es.	*Cette Route est montée de Madrid à Lugo, et de Lugo à Mondognedo elle ne l'est pas.*

Nº. 91.

CARRERA	ROUTE
De Madrid à Oviedo, por Medina del Campo, Be-, navente y Leon;	*De Madrid à Oviédo, par Médina del Campo, Bé-navente et Léon.*

		Leguas	Lieues
De Madrid à Abulagas.			2
al Puente del Retamar.		2	4
à Galapagar.		$2\frac{1}{2}$	$6\frac{1}{2}$
à Guadarrama.		3	$9\frac{1}{2}$
à la Fonda de San-Rafael.		$2\frac{1}{2}$	12
à Villacastin.		3	15
à Labajos.		2	17
à Adanero		2	19
à Arevalo.		3	22
à Ataquines.		3	25
à Medina del Campo.		3	28
à Rueda.		2	30
à Tordesillas.		2	32
à la Vega de Valdetroncos.		2	34
al Villar de Frades.		3	37
à Villalpando.		4	41
à San-Esteban del Molar.		2	43
à Benavente.		2	45
à Villaquexida.		3	48
à Toral de los Guzmanes.		2	50

Paradas. *Relais.*		Leguas.	*Lieues.*
De Madrid à Toral de los Guzmanes.			5o
à Ardor.		3½	53½
à Leon.		3	56½
à la Robla.		4	60½
à Buiza.		3	63½
à Pagares.		4	67½
à Vega.		4	71½
à Oviedo.		5	76½

Esta Carrera es montada de Madrid à Benavente, y de Benavente à Oviedo no lo es.	Cette Route est montée de Madrid à Bénavente, et de Bénavente à Oviédo elle ne l'est pas.

COMUNICACION. | *COMMUNICATION.*

N°. 91 (a).

CARRERA NO MONTADA	*ROUTE NON MONTÉE*
De Oviedo à los Puertos de Gijon y de Aviles.	*D'Oviédo aux Ports de Gijon et d'Aviles.*

De Oviedo à la Venta de Rodriguera.		2½
à Gijon.	2½	5

De Oviedo à Aviles.	5

N°. 92.

CARRERA	*ROUTE*
De Madrid à Leon, por Medina del Campo y Benavente.	*De Madrid à Léon, par Médina del Campo et Bénavente.*

De Madrid à Abulagas.		2
al Puente del Retamar.	2	4

Paradas. *Relais.*	Leguas.	Lieues.
De Madrid al Puente del Retamar.		4
à Galapagar.	$2\frac{1}{2}$	$6\frac{1}{2}$
à Guadarrama.	3	$9\frac{1}{2}$
à la Fonda de San – Rafael. . . . :	$2\frac{1}{2}$	12
à Villacastin.	3	15
à Labajos.	2	17
à Adanero.	2	19
à Arevalo.	3	22
à Ataquines.	3	25
à Medina del Campo.	3	28
à Rueda.	2	30
à Tordesillas.	2	32
à la Vega de Valdetroncos.	2	34
al Villar de Frades.	3	37
à Villalpando.	4	41
à San-Esteban del Molar.	2	43
à Benavente.	2	45
à Villaquexida.	3	48
à Toral de los Guzmanes.	2	50
à Ardor.	$3\frac{1}{2}$	$53\frac{1}{2}$
à Leon.	3	$56\frac{1}{2}$

Esta Carrera es montada de Madrid à Benavente, y de Benavente à Leon no lo es.	Cette Route est montée de Madrid à Bénavente, et de Bénavente à Léon elle ne l'est pas.

Nº. 93.

CARRERA MONTADA	ROUTE MONTÉE
De Madrid à Benavente, por Medina del Campo.	De Madrid à Bénavente, par Médina del Campo.

	Leguas.	Lieues.
De Madrid à Abulagas.		2
al Puente del Retamar.	2	4
à Galapagar.	$2\frac{1}{2}$	$6\frac{1}{2}$
à Guadarrama.	3	$9\frac{1}{2}$
à la Fonda de San-Rafael.	$2\frac{1}{2}$	12
à Villacastin.	3	15
à Labajos.	2	17
à Adanero.	2	19
à Arevalo.	3	22

Paradas. *Relais.*	Leguas.	*Lieues.*
De Madrid à Arevalo.		22
à Ataquines.	3	25
à Medina del Campo.	3	28
à Rueda.	2	30
à Tordesillas	2	32
à la Vega de Valdetroncos.	2	34
al Villar de Frades.	3	37
à Villalpando.	4	41
à San-Esteban del Molar.	2	43
à Benavente.	2	45

N°. 94.

CARRERA	*ROUTE*
De Madrid à Zamora, por Medina del Campo y Vega de Valdetroncos.	*De Madrid à Zamora, par Médina del Campo et la Campagne de Valdétroncos.*

	Leguas	Lieues
De Madrid à Abulagas.		2
al Puente del Retamar.	2	4
à Galapagar.	$2\frac{1}{2}$	$6\frac{1}{2}$
à Guadarrama.	3	$9\frac{1}{2}$
à la Fonda de San-Rafael. . . .	$2\frac{1}{1}$	12
a Villacastin.	3	15
à Labajos.	2	17
à Adanero.	2	19
à Arevalo.	3	22
à Ataquines.	3	25
à Medina del Campo.	3	28
à Rueda.	2	30
à Tordesillas.	2	32
à la Vega de Valdetroncos. . . .	2	34
à Toro.	3	37
à Zamora.	5	42

Esta Carrera es montada de Madrid à la Vega de Valdetroncos; y de la Vega de Valdetroncos à Zamora no lo es.	*Cette Route est montée de Madrid à la Campagne de Valdetroncos, et de la Campagne de Valdetroncos à Zamora elle ne l'est pas.*

Nº. 95.

CARRERA MONTADA	ROUTE MONTÉE
De Madrid à Santander, por Medina del Campo, Valladolid y Burgos.	De Madrid à Santander, par Médina del Campo, Valladolid et Burgos.

Paradas. *Relais.*	Leguas.	*Lieues.*
De Madrid à Abulagas.		2
al Puente del Retamar.	2	4
à Galapagar.	2½	6½
à Guadarrama.	3	9½
à la Fonda de San-Rafael.	2½	12
à Villacastin.	3	15
à Labajos.	2	17
à Adanero.	2	19
à Arevalo.	3	22
à Ataquines.	3	25
à Medina del Campo.	3	28
à Valdesillas.	4	32
à Valladolid.	4	36
à la Venta de Trigueros.	3	39
à Baños.	3	42
à Torrequemada.	4	46
à Villaodrigo.	4	50
à Celada.	4	54
à Burgos.	4	58
à Guermeces.	4	62
à Basconcillos.	5	67
à Canduela.	4	71
à Reynosa.	4	75
à Molledo.	4	79
à Torrelavega.	4	83
à Santander.	4	87

N°. 95 (a).

COMUNICACION	COMMUNICATION.
De Santander à Santona.	De Santander à Santona.

Paradas. *Relais.*	Leguas. *Lieues.*
De Santander à Santona.	5

N°. 96.

CARRERA	ROUTE
De Madrid à Salamanca, por Arevalo.	De Madrid à Salamanque, par Arévalo.

	Leguas	
De Madrid à Abulagas.		2
al Puente del Retamar.	2	4
à Galapagar.	2½	6½
à Guadarrama.	3	9½
à la Fonda de San-Rafael.	2½	12
à Villacastin.	3	15
à Labajos.	2	17
à Adanero.	2	19
à Arevalo.	3	22
à Orcajo de las Torres.	5	27
à Villoria.	5	32
à Salamanca.	5	37

Esta Carrera es montada de Madrid à Arevalo, y de Arevalo à Salamanca no lo es.	Cette Route est montée de Madrid à Arévalo, et d'Arévalo à Salamanque elle ne l'est pas.

Comunicaciones de Sa-lamanca à Benavente, Ciudad-Rodrigo, Badajoz y Sevilla.	Communications de Salamanque à Bénavente, Ciudad-Rodrigo, Badajoz et Séville.

N°. 96 (a).

CARRERA NO MONTADA	ROUTE NON MONTÉE
De Salamanca à Benavente, por Zamora.	De Salamanque à Bénavente, par Zamora.

Paradas. *Relais.*	Leguas.	*Lieues.*
De Salamanca à la Calzada de don Diego. . . .		4
à la Boveda de Toro.	4	8
à Ledesma.	4	12
à Zamora.	5	17
à Peñausende.	5	22
à Riego.	3	25
à Benavente.	4	29

N°. 96 (b).

CARRERA NO MONTADA	ROUTE NON MONTEE
De Salamanca à Ciudad-Rodrigo.	De Salamanque à Ciudad-Rodrigo.

	Leguas	Lieues
De Salamanca à Cabradilla.		4
à la Boveda de Castro.	3	7
à Martin del Rio.	5	12
à Ciudad-Rodrigo.	5	17

N°. 96 (c).

CARRERA NO MONTADA	ROUTE NON MONTÉE
De Salamanca à Sevilla, por Badajoz.	*De Salamanque à Séville, par Badajoz.*

Paradas. *Relais.*	Leguas.	*Lieues.*
De Salamanca à Cabradilla.		4
à la Boveda de Castro.	3	7
à Martin del Rio.	5	12
à Ciudad-Rodrigo.	5	17
à Robleda.	5	22
à Gata.	6	28
à Moralega.	3	31
à Coria.	2	33
à Zarza.	4	37
à Alcantara.	3	40
à Membrio.	5	45
à Albuquerque.	6	51
à Badajoz.	6	57
à Albuera.	4	61
à Santa-Marta.	3	64
à los Santos de Maymona.	5	69
à la Fuente de Cantos.	4	73
al Monasterio.	3	76
à Santa-Olalla.	4	80
à Ronquillo.	4	84
à la Venta de Guillena.	3	87
à Santiponce.	3	90
à Sevilla.	1	91

N°. 96 (d).

CARRERA	ROUTE
De Salamanca à Cadiz, por Badajoz y Sevilla.	*De Salamanque à Cadix, par Badajoz et Séville.*

	Leguas.	Lieues.
De Salamanca à Cabradilla.		4
à la Boveda de Castro.	3	7

Paradas. *Relais.*	Leguas.	Lieues.
De Salamanca à la Boveda de Castro.		7
à Martin del Rio.	5	12
à Ciudad-Rodrigo.	5	17
à Robleda.	5	22
à Gata.	5	28
à Moralega.	4	31
à Coria.	2	33
à Zarza.	4	37
à Alcantara.	3	40
à Membrio.	5	45
à Albuquerque.	6	51
à Badajoz.	6	57
à Albuera.	4	61
à Santa-Marta.	3	64
à los Santos de Maymona. . . .	5	69
à la Fuente de Cantos.	4	73
al Monasterio.	3	76
à Santa - Olalla.	4	80
à Ronquillo.	4	84
à la Venta de Guillana. . . .	3	87
à Santiponce.	3	90
à Sevilla.	1	91
à Utrera.	3	94
à Ventorillo de las Torres de Locaz.	$3\frac{1}{2}$	$97\frac{1}{2}$
à la Real Casa del Cuervo. . . .	$3\frac{1}{2}$	101
à Xeres de la Frontera.	$3\frac{1}{2}$	$104\frac{1}{2}$
al Puerto de Santa - Maria. . . .	$2\frac{1}{2}$	107
à la Isla de Leon.	3	110
à Cadiz.	3	113

Esta Carrera , de Salamanca à Sevilla no es montada , pero de Sevilla à Cadiz lo esta.	*Cette Route, de Salamanque à Séville n'est pas montée , mais de Séville à Cadix elle l'est.*

N°. 97.

CARRERA	*ROUTE*
De Madrid à Ciudad-Rodrigo, por Arevalo y Salamanca.	*De Madrid à Ciudad-Rodrigo, par Arévalo et Salamanque.*

De Madrid à Abulagas.		2
al Puente del Retamar.	2	4

Paradas. *Relais.*	Leguas.	*Lieues.*
De Madrid al Puente del Retamar.	2	4
à Galapagar.	$2\frac{1}{2}$	$6\frac{1}{2}$
à Guadarrama.	3	$9\frac{1}{2}$
à la Fonda de San-Rafael.	$2\frac{1}{2}$	12
à Villacastin.	3	15
à Labajos.	2	17
à Adanero.	2	19
à Arevalo.	3	22
à Arcajo de las Torres.	5	27
à Villoria.	5	32
à Salamanca.	5	37
à Cabradilla.	4	41
à la Boveda de Castro.	3	44
à Martin del Rio.	5	49
à Ciudad-Rodrigo.	5	54

Esta Carrera es montada de Madrid à Arevalo; y de Arevalo à Ciudad-Rodrigo no lo es.	*Cette Route est montée de Madrid à Arévalo, et d'Arévalo à Ciudad-Rodrigo elle ne l'est pas.*

N°. 98.

CARRERA	*ROUTE*
De Madrid à Ciudad-Rodrigo, por Talavera de la Reyna , Almaraz y Coria.	*De Madrid à Ciudad-Rodrigo, par Talavera de la Reyna , Almaraz et Coria.*

	Leguas	Lieues
De Madrid à Mostoles.		3
à Navalcarnero.	2	5
à Valmojado.	2	7
à Santa-Cruz del Retamar.	3	10
à Maqueda.	2	12
à Seralbo.	3	15
à Casalejas.	2	17
à Talavera de la Reyna.	2	19
à el Cañizo.	4	23
à la Calzada de Oropesa.	4	27
à Navalmoral de Plasencia.	4	31
à Almaraz.	2	33
à la Venta de la Vazabona.	4	37
à Malpartida.	3	40

Paradas. *Relais.*	Leguas.	*Lieues.*
De Madrid à Malpartida.		40
à Plasencia.	1	41
à Galisteo.	3	44
à Coria.	5	49
à Moraleja.	2	51
à Gata.	3	54
à Robleda.	6	60
à Ciudad-Rodrigo.	5	65

Esta Carrera es montada de Madrid à Almaraz, y de Almaraz à Ciudad-Rodrigo no lo es ; pero esta es mas larga de 11 leguas que la precedente.	*Cette Route est montée de Madrid à Almaraz, et d'Almaraz à Ciudad-Rodrigo elle ne l'est pas; mais elle est plus longue de 11 lieues que la précédente.*

~~~~~~~~~~~~~~~~~~~~~~

Comunicaciones de Ciudad - Rodrigo à Benavente y à Badajoz.	*Communications de Ciudad · Rodrigo à Bénavente et à Badajoz.*

N°. 98 (*a*).

CARRERA NO MONTADA	*ROUTE NON MONTEE*
De Ciudad - Rodrigo à Benavente.	*De Ciudad-Rodrigo à Bénavente.*

De Ciudad-Rodrigo à Martin del Rio.		5
à la Boveda de Castro. . .	5	10
à Cabradilla.	3	13
à Salamanca.	4	17
De Salamanca à Benavente. *V.* N°. 96 (*a*).	29	46

N°. 98 (b).

CARRERA NO MONTADA	ROUTE NON MONTEE
De Ciudad - Rodrigo à Badajoz.	De Ciudad - Rodrigo à Badajos.

Paradas. *Relais.*	Leguas.	*Lieues.*
De Ciudad-Rodrigo à Robleda.		5
à Gata.	6	11
à la Moraleja.	3	14
à Coria.	2	16
à Zarza.	4	20
à Alcantara.	3	23
à Membrio.	5	28
à Albuquerque.	6	34
à Badajoz.	6	40

IIIª. PARTE.	IIIᵉ. PARTIE.

CARRERAS	ROUTES
De las Ciudades Fronteras de España à Madrid y a las Ciudades principales del Reyno (1).	Des Villes frontières d'Espagne à Madrid, et aux Villes principales du Royaume (1).

Nº. 99.

CARRERA MONTADA	ROUTE MONTEE
De Bayona à Madrid, por Burgos, Valladolid y Segovia.	De Bayonne à Madrid, par Burgos, Valladolid et Ségovie.

Paradas. *Relais.*	Leguas.	*Lieues.*
De Bayona à Uriarte...............		2
à San-Juan de Luz.........	2	4
à Irun................	3	7
à Oyarzun..............	$2\frac{1}{2}$	$9\frac{1}{2}$
à Urnieta..............	$3\frac{1}{2}$	13
à Tolosa..............	3	16

(1) Si Saliendo de cada de las Ciudades de quien se doy las Carreras en la presente parte para arribar à Madrid se quiere ir mas lejos, se vera à la tabla de las Carreras principales quien indicara el nombre de esta que se necessita allar.

(1) *Si en partant de chacune des Villes dont on donne les Routes dans la présente partie pour arriver à Madrid on veut aller plus loin, on aura recours à la table des Routes principales, qui indiquera le nº. de celle où on aura besoin d'aller.*

15

Paradas. *Relais.*	Leguas.	Lieues.
De Bayona à Tolosa.		16
à Villafranca de Guipuscoa.	3	19
à Villareal de Urrechu.	3	22
à Bergara.	2	24
à Mondragon.	$2\frac{1}{2}$	$26\frac{1}{2}$
à Salinas.	2	$28\frac{1}{2}$
à Gamboa.	2	$30\frac{1}{2}$
à Victoria.	2	$32\frac{1}{2}$
à la Puebla de Arganzon.	3	$35\frac{1}{2}$
à Miranda de Ebro.	3	$38\frac{1}{2}$
à Pancorbo.	$3\frac{1}{2}$	42
à Briviesca.	$4\frac{1}{2}$	$46\frac{1}{2}$
al Monasterio de Rodilla.	$3\frac{1}{2}$	50
à Burgos.	$4\frac{1}{2}$	$54\frac{1}{2}$
à Celada.	4	58
à Villaodrigo.	4	62
à Torrequemada.	4	66
à Baños.	3	$69\frac{1}{2}$
à Trigueros.	3	$72\frac{1}{2}$
à Valladolid.	4	$76\frac{1}{2}$
à Valdesillas.	4	$80\frac{1}{2}$
à Olmedo.	4	$84\frac{1}{2}$
à Belleguillo.	2	$86\frac{1}{2}$
à las Navas de Coca.	2	$88\frac{1}{2}$
à Santa-Maria de la Nieve.	2	$90\frac{1}{2}$
à Garcillano.	3	$93\frac{1}{2}$
à Segovia.	2	$95\frac{1}{2}$
à Otero de Herreros.	3	$98\frac{1}{2}$
à la Fonda de San-Rafael.	2	$100\frac{1}{2}$
à Guadarrama.	$2\frac{1}{2}$	103
à Galapagar.	3	106
al Puente del Retamar.	$2\frac{1}{2}$	$108\frac{1}{2}$
à Abulagas.	2	$110\frac{1}{2}$
à Madrid.	2	$112\frac{1}{2}$

Esta Carrera es mas freqüen- | *Cette Route est plus fréquentée*
tada que las siguiendas. | *que les suivantes.*

Nº. 100.

CARRERA MONTADA	ROUTE MONTÉE
De Bayona à Madrid, por Burgos y Aranda de Duero.	*De Bayonne à Madrid, par Burgos et Aranda de Duero.*

Paradas. *Relais.*	Leguas.	Lieues.
De Bayona à Uriarte.		2
à San-Juan de Luz.	2	4
à Irun.	3	7
à Oyarzun.	$2\frac{1}{2}$	$9\frac{1}{2}$
à Urnieta.	$3\frac{1}{2}$	13
à Tolosa.	3	16
à Villafranca de Guipuscoa.	3	19
à Villareal de Urrechu.	3	22
à Bergara.	2	24
à Mondragon.	$2\frac{1}{2}$	$26\frac{1}{2}$
à Salinas.	2	$28\frac{1}{2}$
à Gamboa.	2	$30\frac{1}{2}$
à Victoria.	2	$32\frac{1}{2}$
à la Puebla de Arganzon.	3	$35\frac{1}{2}$
à Miranda de Ebro.	3	$38\frac{1}{2}$
à Pancorbo.	$3\frac{1}{2}$	42
à Briviesca.	$4\frac{1}{2}$	$46\frac{1}{2}$
al Monasterio de Rodilla.	$3\frac{1}{2}$	50
à Burgos.	$4\frac{1}{2}$	$54\frac{1}{2}$
à Sarracin.	2	$56\frac{1}{2}$
à Madrigalejo.	3	$59\frac{1}{2}$
à Lerma.	$2\frac{1}{2}$	62
à Bahabon.	3	65
à Gumiel de Izan.	2	67
à Aranda de Duero.	2	69
à la Onrubia.	3	72
à Fresnillo de la Fuente.	3	75
à Castillejo.	$2\frac{1}{2}$	$77\frac{1}{2}$
à Somosierra.	3	$80\frac{1}{2}$
à Buytrago.	3	$83\frac{1}{2}$
à Cabanillas.	4	$87\frac{1}{2}$
à San-Agustin.	3	$90\frac{1}{2}$

Paradas. *Relais.*	Leguas.	*Lieues.*
De Bayona à San-Agustin.		90½
à Alcobendas.	3½	94
à Madrid.	3	97

Nº. 101.

CARRERA MONTADA	ROUTE MONTÉE
De Bayona à Madrid, por Burgos, Valladolid y Medina del Campo.	*De Bayonne à Madrid, par Burgos, Valladolid et Médina del Campo.*

	Leguas	Lieues
De Bayona à Uriarte		2
à San - Juan de Luz.	2	4
à Irun.	3	7
à Oyarzun.	2½	9½
à Urnieta.	3½	13
à Tolosa. . , ...	3	16
à Villafranca de Guipuscoa. . . .	3	19
à Villareal de Urrechu.	3	22
à Bergara.	2	24
à Mondragon.	2½	26½
à Salinaz.	2	28½
à Gamboa.	2	30½
à Victoria.	2	32½
à la Puebla de Arganzon.	3	35½
à Miranda de Ebro.	3	38½
à Pancorbo.	3½	42
à Briviesca.	4½	46½
al Monasterio de Rodilla.	3½	50
à Burgos.	4½	54½
à Celada.	4	58½
à Villaodrigo.	4	62½
à Torrequemada.	4	66½
à Baños.	3	69½
à Trigueros.	3	72½
à Valladolid.	4	76½
à Valdesillas.	4	80½
à Medina del Campo.	4	84½
à Ataquines.	3	87½

Paradas. *Relais.*	Leguas.	*Lieues.*
De Bayona à Ataquines.		87 ½
à Arevalo.	3	90 ½
à Adanero.	3	93 ½
à Labajos.	2	95 ½
à Villacastin.	2	97 ½
à la Fonda de San-Rafael.	3	100 ½
à Guadarrama.	2 ½	103
à Galapagar.	3	106
al Puente del Retamar.	2 ½	108 ½
à Abulagas.	2	110 ½
à Madrid.	2	112 ½

N°. 102.

CARRERA	ROUTE
De Bayona à Madrid, por Pamplona y Lodares.	*De Bayonne à Madrid, par Pamplune et Lodares.*

	Leguas.	Lieues.
De Bayona à Ostaritz.		2
à Añoa.	2	4
à Maya.	2	6
à Barrueta.	2	8
à Lanz.	2	10
à Ostiz.	2	12
à Pamplona.	2	14
à Otriz.	3 ½	17 ½
à Tafalla.	2 ½	20
à Marcilla.	4	24
à Valtiera..	3	27
à Centruenigo.	4	31
à Agreda.	5	36
à Hinojosa.	3 ½	39 ½
à Zamajon.	4	43 ½
à Almazan.	3 ½	47
à Adredas.	3 ½	50 ½
à Lodares.	5	55 ½
à Bujarrabal.	2 ½	58
à Torremocha.	2 ½	60 ½
à Almadrones.	3	63 ½
à Grajanejos.	2	66

Paradas. *Relais.*	Leguas.	Lieues.
De Bayona à Grajanejos.		66
à Torija.	3	69
à Guadalaxara.	3	72
à la Venta de Meco.	$3\frac{1}{2}$	$75\frac{1}{2}$
à Torrejon de Ardoz.	$3\frac{1}{2}$	79
à Madrid.	4	83

Esta Carrera es la mas corta; pero esta no es montada que de Lodares à Madrid.	*Cette Route est la plus courte; mais elle n'est montée que de Lodares à Madrid.*

N°. 103.

CARRERA MONTADA	ROUTE MONTEE
De Bayona à la Coruña, por Burgos, Valladolid, Medina del Campo, Benavente y Lugo.	*De Bayonne à la Corogne, par Burgos, Valladolid, Médina del Campo, Bénavente et Lugo.*

De Bayona à Uriarte.		2
à San-Juan de Luz.	2	4
à Irun.	3	7
à Oyarzun.	$2\frac{1}{2}$	$9\frac{1}{2}$
à Urnieta.	$3\frac{1}{2}$	13
à Tolosa.	3	16
à Villafranca de Guipuscoa.	3	19
à Villareal de Urrechu.	3	22
à Bergara.	2	24
à Mondragon.	$2\frac{1}{2}$	$26\frac{1}{2}$
à Salinas.	2	$28\frac{1}{2}$
à Gamboa.	2	$30\frac{1}{2}$
à Victoria.	2	$32\frac{1}{2}$
à la Puebla de Arganzon.	3	$35\frac{1}{2}$
à Miranda de Ebro.	3	$38\frac{1}{2}$
à Pancorbo.	$3\frac{1}{2}$	42
à Briviesca.	$4\frac{1}{2}$	$46\frac{1}{2}$
al Monasterio de Rodilla.	$3\frac{1}{2}$	50
à Burgos.	$4\frac{1}{2}$	$54\frac{1}{2}$
à Celada.	4	$58\frac{1}{2}$
à Villaodrigo.	4	$62\frac{1}{2}$

Paradas. *Relais.*		Leguas.	*Lieues.*
De Bayona	à Villaodrigo.		$62\frac{1}{2}$
	à Torrequemada.	4	$66\frac{1}{2}$
	à Baños.	3	$69\frac{1}{2}$
	à Trigueros.	3	$72\frac{1}{2}$
	à Valladolid.	4	$76\frac{1}{2}$
	à Valdesillas.	4	$80\frac{1}{2}$
	à Medina del Campo.	4	$84\frac{1}{2}$
	à Rueda.	2	$86\frac{1}{2}$
	à Tordesillas.	2	$88\frac{1}{2}$
	à la Vega de Valdetroncos.	2	$90\frac{1}{2}$
	à la Villar de Frades.	3	$93\frac{1}{2}$
	à Villalpando.	4	$97\frac{1}{2}$
	à San-Esteban del Molar.	2	$99\frac{1}{2}$
	à Benavente.	2	$101\frac{1}{2}$
	al Puente de la Bisana.	3	$104\frac{1}{2}$
	à la Bañeza.	4	$108\frac{1}{2}$
	à Astorga.	$3\frac{1}{2}$	112
	à Manzanal.	$3\frac{1}{2}$	$115\frac{1}{2}$
	à Bembibre.	$3\frac{1}{2}$	119
	à Cubillos.	$2\frac{1}{2}$	$121\frac{1}{2}$
	à Villafranca del Vierzo.	3	$124\frac{1}{2}$
	à Ruitalan.	4	$128\frac{1}{2}$
	à la Venta de Noceda.	$3\frac{1}{2}$	132
	à Becerrea.	3	135
	à Sobrado.	3	138
	à Lugo.	3	141
	à Valdomar.	3	144
	à Guitiriz.	3	147
	à Monte Salgueyro.	$2\frac{1}{2}$	$149\frac{1}{2}$
	à Betanzos.	$2\frac{1}{2}$	152
	à la Coruña.	3	155

N°. 104.

CARRERA MONTADA	ROUTE MONTEE
De Bayona al Ferrol, por Burgos, Valladolid, Medina del Campo, Benavente y Lugo.	De Bayonne au Ferrol, par Burgos, Valladolid, Médina del Campo, Bénavente et Lugo.
Vease la Carrera aqui arriba, n°. 103.	Voyez la Route ci-dessus, n°. 103.

Paradas. *Relais.*	Leguas. *Lieues.*
De Bayona à Betanzos.	152
à Cavañas.	$3\frac{1}{2}$ $155\frac{1}{2}$
al Ferrol.	$2\frac{1}{2}$ 158

N°. 105.

CARRERA MONTADA	ROUTE MONTÉE
De Bayona à la Coruña, por Burgos, Valladolid, Medina del Campo, Benavente y Santiago.	De Bayonne à la Corogne, par Burgos, Valladolid, Médina del Campo, Bénavente et Santiago.

	Paradas	Leguas
De Bayona à Uriate.		2
à San-Juan de Luz.	2	4
à Irun.	3	7
à Oyarzun.	$2\frac{1}{2}$	$9\frac{1}{2}$
à Urnieta.	$3\frac{1}{2}$	13
à Tolosa.	3	16
à Villafranca de Guipuscoa.	3	19
à Villareal de Urrechu.	3	22
à Bergara.	2	24
à Mondragon.	$2\frac{1}{2}$	$26\frac{1}{2}$
à Salinas.	2	$28\frac{1}{2}$
à Gamboa.	2	$30\frac{1}{2}$
à Victoria.	2	$32\frac{1}{2}$

Paradas. *Relais.*	Leguas.	Lieues.
De Bayona à Victoria.		$32\frac{1}{2}$
à la Puebla de Arganzon.	3	$35\frac{1}{2}$
à Miranda de Ebro.	3	$38\frac{1}{2}$
à Pancorbo.	$3\frac{1}{2}$	42
à Briviesca.	4	$46\frac{1}{2}$
al Monasterio de Rodilla.	$3\frac{1}{2}$	50
à Burgos.	$4\frac{1}{2}$	$54\frac{1}{2}$
à Celada.	4	58
à Villaodrigo.	4	$62\frac{1}{2}$
à Torrequemada.	4	$66\frac{1}{2}$
à Baños.	3	$69\frac{1}{2}$
à Trigueros.	3	$72\frac{1}{2}$
à Valladolid.	4	$76\frac{1}{2}$
à Valdesillas.	4	$80\frac{1}{2}$
à Medina del Campo.	4	$84\frac{1}{2}$
à Rueda.	2	$86\frac{1}{2}$
à Tordesillas.	2	$88\frac{1}{2}$
à la Vega de Valdetroncos.	2	$90\frac{1}{2}$
al Villar de Frades.	3	$93\frac{1}{2}$
à Villalpando.	4	$97\frac{1}{2}$
à San-Esteban del Molar.	2	$99\frac{1}{2}$
à Benavente.	2	$101\frac{1}{2}$
à Sitrama.	3	$104\frac{1}{2}$
à la Vega de Tera.	3	$107\frac{1}{2}$
à Mombuey.	3	$110\frac{1}{2}$
à Remesal.	3	$113\frac{1}{2}$
à Requejo de Sanabria.	3	$116\frac{1}{2}$
à Luvian.	$3\frac{1}{2}$	120
à Cañizo.	$3\frac{1}{2}$	$123\frac{1}{2}$
al Novallo.	3	$126\frac{1}{2}$
à Verin.	4	$130\frac{1}{2}$
à Abavides.	3	$133\frac{1}{2}$
à Alloriz.	3	$136\frac{1}{2}$
à Orense.	4	$140\frac{1}{2}$
al Piñor.	$2\frac{1}{2}$	143
à Villanueva de la Gesta.	4	147
à Castrovite.	4	151
à Santiago.	4	155
à Carral.	4	159
à Paulo.	3	162
à la Coruña.	3	165

Esta Carrera es mas larga de 10 leguas que la precedente.

Cette Route est plus longue de 10 lieues que la précédente.

Nº. 106.

CARRERA MONTADA	ROUTE MONTÉE
De Perpiñan à Madrid, par Zaragoza, Lodares y Guadalaxara.	De Perpignan à Madrid, par Saragosse, Lodares et Guadalaxara.

Paradas. *Relais.*	Leguas.	*Lieues.*
De Perpiñan al Bollo.		4
à la Junquera.	3	7
à Figueras.	3	10
à Bascara.	3	13
à Gerona.	2	15
à las Mallorquinas.	4	19
à Hostalrich.	2	21
à San-Seloni.	2 ½	23 ½
à Llinas.	3	26 ½
à Mommalo.	2	28 ½
à Moncada.	2	30 ½
à Barcelona.	2	32 ½
à San-Feliù.	2	34 ½
à Martorell.	3	37 ½
à la Fonda del Codul.	3	40 ½
à Castel-Oli.	2 ½	43
à Igualada.	2 ½	45 ½
al Gancho ò Gaucho.	2	47 ½
à la Panadella.	2 ½	50
à Cervera.	2 ½	52 ½
à Villagrasa.	2 ½	55
à Gomez.	2 ½	57 ½
à Benlloch.	2 ½	60
à Lerida.	2 ½	62 ½
à Alcarraz.	2	64 ½
à Fraga.	3	67 ½
à la Venta de Fraga ò Buars. . .	2	69 ½
à Condasnos.	2	71 ½
à Bujaraloz.	3	74 ½
à la Venta de Santa-Lucia. . . .	3	77 ½
à Osera.	3	80 ½
à la Puebla de Alfenden.	3	83 ½

Paradas. *Relais.*	Leguas.	*Lieues.*
De Perpiñan à la Puebla de Alfenden.		$83\frac{1}{2}$
à Zaragoza.	3	$86\frac{1}{2}$
à Garrapinillos ò Venta del Leon..	2	$88\frac{1}{2}$
à la Muela.	2	$90\frac{1}{2}$
à la Venta de la Ramera.	2	$92\frac{1}{2}$
à la Almunia.	3	$95\frac{1}{2}$
al Frasno.	3	$98\frac{1}{2}$
à Calatayud.	3	$101\frac{1}{2}$
à Ateca.	2	$103\frac{1}{2}$
à Bubierca.	2	$105\frac{1}{2}$
à Cetina.	2	$107\frac{1}{2}$
à Monreal de Ariza.	2	$109\frac{1}{2}$
à Arços.	3	$112\frac{1}{2}$
à Lodares.	$2\frac{1}{2}$	115
à Bujarrabal.	$2\frac{1}{2}$	$117\frac{1}{2}$
à Torremocha.	$2\frac{1}{2}$	120
à Almadrones.	3	123
à Grajanejos.	$2\frac{1}{2}$	$125\frac{1}{2}$
à Torija.	3	$128\frac{1}{2}$
à Guadalaxara.	3	$131\frac{1}{2}$
à la Venta de Meco.	$3\frac{1}{2}$	135
à Torrejon de Ardoz.	$3\frac{1}{2}$	$138\frac{1}{2}$
à Madrid.	4	$142\frac{1}{2}$

Nº. 107.

CARRERA MONTADA	*ROUTE MONTÉE*
De Perpiñan à Madrid, por Barcelona, Tortosa, y Valencia.	*De Perpignan à Madrid, par Barcelone, Tortose et Valence.*

De Perpiñan al Bollo.		4
à la Junquera.	3	7
à Figueras.	3	10
à Bascara.	3	13
à Gerona.	2	15
à las Mallorquinas.	4	19
à Hostalrich.	2	21
à San-Seloni.	$2\frac{1}{2}$	$23\frac{1}{2}$

Paradas. *Relais.*		Leguas.	Lieues.
De Perpiñan à San - Seloni.			$23\frac{1}{2}$
à Llinas.		3	$26\frac{1}{2}$
à Mommalo.		2	$28\frac{1}{2}$
à Moncada.		2	$30\frac{1}{2}$
à Barcelona.		2	$32\frac{1}{2}$
à San - Feliù.		2	$34\frac{1}{2}$
à Vallirana.		2	$36\frac{1}{2}$
à Villafranca del Penades.		3	$39\frac{1}{2}$
al Vendrell.		$2\frac{1}{2}$	42
à Torre den Barra.		2	44
à Terragona.		2	46
à Reus.		2	48
à Cambrils.		2	50
al Perello.		6	56
à la Venta de los Ajos.		3	59
à Tortosa.		2	61
à Uldecona.		3	64
à Vinaroz.		4	68
à Torreblanca.		4	72
à Oropesa.		2	74
à Castellon de la Plana.		3	77
à Nules.		3	80
à Murviedro.		3	83
à Valencia.		4	87
à la Venta de Poyos.		3	90
à la Venta de Buñol.		4	94
à Siete-Aguas.		2	96
à Requena.		3	99
à Caudete.		3	102
à Villargordo de Cabriel.		2	104
à la Minglanilla.		3	107
à Castillejo de Iniesta.		2	109
à la Motilla del Palancar.		2	111
à Buenache de Alarcon.		4	115
à Olivares.		3	118
al Villar de Saz.		3	121
à Montalbo.		$2\frac{1}{2}$	$123\frac{1}{2}$
à Saelices.		$2\frac{1}{2}$	126
à Tarancon.		3	129
à Fuentidueña del Tajo.		3	132
à Perales de Tajuña.		$3\frac{1}{2}$	$135\frac{1}{2}$

Paradas. *Relais.*		Leguas. *Lieues.*
De Perpiñan à Perales de Tajuña.		135½
à Bacia - Madrid.	3	138½
à Madrid.	3	141½

Esta Carrera tiene una legua de menas que la precedente.	*Cette Route a une lieue de moins que la précédente.*

N°. 108.

CARRERA MONTADA	*ROUTE MONTÉE*
De Perpiñan à Cartagena, por Barcelona, Tortosa, Valencia y Murcia.	*De Perpignan à Cartagène, par Barcelone, Tortose, Valence et Murcie.*

De Perpiñan al Bollo.		4
à la Junquera.	3	7
à Figueras.	3	10
à Bascara.	3	13
à Gerona.	2	15
à las Mallorquinas.	4	19
à Hostalrich.	2	21
à San-Seloni.	2½	23½
à Llinas.	3	26½
à Mommalo.	2	28½
à Moncada.	2	30½
à Barcelona.	2	32½
à San-Feliù.	2	34½
à Vallirana.	2	36½
à Villafranca del Penades.	3	39½
al Vendrell.	2½	42
à Torre den Barra.	2	44
à Tarragona.	2	46
à Reus.	2	48
à Cambrils.	2	50
al Perello.	6	56
à la Venta de los Ajos.	3	59
à Tortosa.	2	61
à Uldecona.	3	64
à Vinaroz.	4	68
à Torreblança.	4	72

Paradas. *Relais.*	Leguas.	*Lieues.*
De Perpiñan à Torreblanca.		72
à Oropesa.	2	74
à Castellon de la Plana.	3	77
à Nules.	3	80
à Murviedro.	3	83
à Valencia.	4	87
à Almusafes.	3	90
à Alcira.	3	93
à San-Felipe.	3	96
à Atzaneta.	3	99
à Alcoy.	3	102
à Xixona.	4	106
à Alicante.	4	110
à Elche.	4	114
à Albaterra.	3	117
à Orihuela.	2	119
à Murcia.	3	122
à los Baños.	3	125
à Lobosillo.	3	128
à Cartagena.	3	131

N°. 109.

CARRERA	ROUTE
De Perpiñan à Granada, por Barcelona, Tortosa, Valencia y Murcia.	*De Perpignan à Grenade, par Barcelone, Tortose, Valence et Murcie.*

	Leguas.	Lieues.
De Perpiñan al Bollo.		4
à la Junquera.	3	7
à Figueras.	3	10
à Bascara.	3	13
à Gerona.	2	15
à las Mallorquinas.	4	19
à Hostalrich.	2	21
à San - Seloni.	$2\frac{1}{2}$	$23\frac{1}{2}$
à Llinas.	3	$26\frac{1}{2}$
à Mommalo.	2	$28\frac{1}{2}$
à Moncada.	2	$30\frac{1}{2}$

Paradas. *Relais.*	Leguas.	*Lieues.*
De Perpiñan à Moncada.		30 ½
á Barcelona.	2	32 ½
à San - Feliù.	2	34 ½
à Vallirana.	2	36 ½
à Villafranca del Penades.	3	39 ½
al Vendrell.	2 ½	42
à Torre den Barra.	2	44
à Tarragona.	2	46
à Reus.	2	48
à Cambrils.	2	50
al Perello.	6	56
à la Venta de los Ajos.	3	59
à Tortosa.	2	61
à Uldecona.	3	64
à Vinaroz.	4	68
à Torreblanca.	4	72
à Oropesa.	2	74
à Castellon de la Plana.	3	77
à Nules.	3	80
à Murviedro.	3	83
à Valencia.	4	87
à Almusafes.	3	90
à Alcira.	3	93
à San - Felipe.	3	96
à Atzaneta.	3	99
à Alcoy.	3	102
à Xixona.	4	106
à Alicante.	4	110
à Elche.	4	114
à Albaterra.	3	117
à Orihuela.	2	119
à Murcia.	3	122
à Lebrilla.	4	126
à Totana.	4	130
à Lorca.	4	134
à la Venta del Rio.	3	137
à los Velez.	4	141
à Vertientes.	4	145
à Cullar.	3	148
à Baza.	4	152
à Gor.	4	156
à Guadix.	3	159

	Paradas. *Relais.*	Leguas.	*Lieues.*
De Perpiñan à Guadix.			159
à Diezma.		3	162
à Granada.		6	168

Esta Carrera es montada de Perpinan à Murcia, y de Murcia à Granada no lo es.	*Cette Route est montée de Perpignan à Murcie, et de Murcie à Grenade elle ne l'est pas.*

Nº. 110.

CARRERA MONTADA	*ROUTE MONTÉE*
De Valencia à Madrid, por Tarancon.	*De Valence à Madrid, par Tarancon.*

De Valencia	à la Venta de Poyos.		3
	à la Venta de Buñol.	4	7
	à Siete-Aguas.	2	9
	à Requena.	3	12
	à Caudete.	3	15
	à Villargordo de Cabriel. . . .	2	17
	à la Minglanilla.	3	20
	à Castillejo de Iniesta.	2	22
	à la Motilla del Palancar. . . .	2	24
	à Buenache de Alarcon.	4	28
	à Olivares.	3	31
	al Villar de Saz.	3	34
	à Montalbo.	2½	36½
	à Saelices.	2½	39
	à Tarancon.	3	42
	à Fuentidueña del Tajo.	3	45
	à Perales de Tajuña.	3½	48½
	à Bacia-Madrid.	3	51½
	à Madrid.	3	54½

N°. 111.

CARRERA	ROUTE
De Alicante à Madrid, por Albacete y Tarancon.	D'Alicante à Madrid, par Albacète et Tarancon.

Paradas. *Relais.*	Leguas.	Lieues.
De Alicante à Monforte.		4
à Sax.	3	7
à Yecla.	5	12
à Montealegre.	4	16
à Petrola.	3	19
à Albacete.	5	24
à Gineta.	3	27
à la Roda.	3	30
à Minaya.	3	33
à San - Clemente de la Mancha. .	3	36
à la Alqueria de los Frayles. . .	2½	38½
à Belmonte de la Mancha. . . .	2½	41
à Ontanaya.	4	45
à Torrubia.	4	49
à Tarancon.	2½	51½
à Fuentidueña del Tajo.	3	54½
à Perales de Tajuña.	3½	58
à Bacia-Madrid.	3	61
à Madrid.	3	64

Esta Carrera no es montada que de Albacete à Madrid.	Cette Route n'est montée que d'Albacète à Madrid.

N°. 112.

CARRERA MONTADA	ROUTE MONTÉE
De Cartagena à Madrid, por Murcia, Albacete y Tarancon.	De Cartagène à Madrid, par Murcie, Albacète et Tarancon.

De Cartagena à Lobosillo.		3
à los Baños.	3	6

17

Paradas. *Relais.*	Leguas.	*Lieues.*
De Cartagena à los Baños.		6
à Murcia.	3	9
à Lorqui.	3	12
al Puerto de la Losilla.	2½	14½
à Ziezar. . . . . \ . . .	2½	17
al Puerto de la Mala-Muger. . .	3	20
à la Venta de Vinatea.	2½	22½
à Tobarra.	2½	25
à la Venta Nueva.	3	28
al Pozo de la Peña.	3	31
à Albacete.	2½	33½
à Gineta.	3	36½
à la Roda.	3	39½
à Minaya.	3	42½
à San-Clemente de la Mancha. . .	3	45½
à la Alqueria de los Frayles. . .	2½	48
à Belmonte de la Mancha. . . .	2½	50½
à Ontanaya.	4	54½
à Torrubia.	4	58½
à Tarancon.	2½	61
à Fuentidueña del Tajo.	3	64
à Perales de Tajuña.	3½	67½
à Bacia-Madrid.	3	70½
à Madrid.	3	73½

Nº. 113.

CARRERA	ROUTE
De Granada à Madrid, por Andujar y Aranjuez.	*De Grenade à Madrid, par Andujar et Aranjuez.*

De Granada	à Pinos Puente.		3
	à Alcala la Reale.	5	8
	à Alcaudete.	3	11
	à Torre Ximeno.	4	15
	à Andujar.	5	20
	à la Casa del Rey.	2½	22½
	à Baylen.	2½	25
	à Guarroman.	2	27
	à la Carolina.	2	29

Paradas. *Relais.*	Leguas.	*Lieues.*
De Granada à la Caròlina.		29
à Santa - Elena.	3	31
à la Venta de Cardenas.	2	33
al Visillo.	2	35
à Santa-Cruz de Mudela.	2	37
à Valdepeñas.	2	39
à Nostra-Señora de la Consolacion.	2	41
à Manzanares.	2	43
à la Casa-Nueva del Rey.	$2\frac{1}{2}$	$45\frac{1}{2}$
à Villaharta.	$2\frac{1}{2}$	48
al Puerto de Lapiche.	2	50
à Madridejos.	3	53
à Cañada de la Higuera.	2	55
à Tembleque.	2	57
à la Guardia.	2	59
à Ocaña.	$3\frac{1}{2}$	$62\frac{1}{2}$
à Aranjuez.	2	$64\frac{1}{2}$
à Valdemoro.	3	$67\frac{1}{2}$
à Madrid.	4	$71\frac{1}{2}$

Esta Carrera no es montada que de Andujar à Madrid. | *Cette Route n'est montée que d'Andujar à Madrid.*

Nº. 114.

CARRERA	*ROUTE*
De Malaga à Madrid, por Andujar y Aranjuez.	*De Malaga à Madrid, par Andujar et Aranjuez.*

	Leguas	Lieues
De Malaga à Antequera.		8
à Benamexi.	4	12
à Lucena.	3	15
à Baena.	4	19
à Porcuna.	5	24
à Andujar.	3	27
à la Casa del Rey.	$2\frac{1}{2}$	$29\frac{1}{2}$
à Baylen.	$2\frac{1}{2}$	32
à Guarroman.	2	34
à la Carolina.	2	36
à Santa-Elena.	2	38

Paradas. *Relais.*		Leguas.	Lieues.
De Malaga. à Santa Elena.			38
à la Venta de Cardeñas.		2	40
al Visillo.		2	42
à Santa - Cruz de Mudela.		2	44
à Valdepeñas.		2	46
à Nostra - Señora de la Consolacion.		2	48
à Manzanares.		2	50
à la Casa-Nueva del Rey.		2½	52½
à Villaharta.		2½	55
al Puerto de Lapiche.		2	57
à Madridejos		3	60
à Cañada de la Higuera.		2	62
à Tembleque.		2	64
à la Guardia.		2	66
à Ocaña.		3½	69½
à Aranjuez.		2	71½
à Valdemoro.		3	74½
à Madrid.		4	78½

Esta Carrera no es montada que de Andujar à Madrid.	*Cette Route n'est montée que d'Andujar à Madrid.*

N°. 115.

CARRERA	ROUTE
De Gibraltar ò de Aljeciras à Madrid, por Cordoba, Andujar y Aranjuez.	*De Gibraltar ou d'Algéciras à Madrid, par Cordoue, Andujar et Aranjuez.*

De Gibraltar ò de Algeciras à San-Roque. . .			2
à Gausin.		6	8
à Ronda.		5	13
à Saucejo.		6	19
à Osuna.		3	22
à Ecija.		5	27
à la Carlota.		4	31
à Cortijo de Mango-Negro. . . .		3	34
à Cordoba.		3	37

Paradas. *Relais.*		Leguas.	*Lieues.*
De Gibraltar à Cordoba.			37
à la Casablanca del Rey.	$2\frac{1}{2}$		$39\frac{1}{2}$
al Carpio.	$2\frac{1}{2}$		42
à Aldea del Rio.	$3\frac{1}{2}$		$45\frac{1}{2}$
à Andujar.	$3\frac{1}{2}$		49
à la Casa del Rey.	$2\frac{1}{2}$		$51\frac{1}{2}$
à Baylen.	$2\frac{1}{2}$		54
à Guarroman.	2		56
à la Carolina.	2		58
à Santa-Elena.	2		60
à la Venta de Cardenas.	2		62
al Visillo.	2		64
à Santa-Cruz de Mudela.	2		66
à Valdepeñas.	2		68
à Nostra-Señora de la Consolacion.	2		70
à Manzanares.	2		72
à la Casa Nueva del Rey. . . .	$2\frac{1}{2}$		$74\frac{1}{2}$
à Villaharta.	$2\frac{1}{2}$		77
al Puerto de Lapiche.	2		79
à Madridejos.	3		82
à Cañada de la Higuera.	2		84
à Tembleque.	2		86
à la Guardia.	2		88
à Ocaña.	$3\frac{1}{2}$		$91\frac{1}{2}$
à Aranjuez.	2		$93\frac{1}{2}$
à Valdemoro.	3		$96\frac{1}{2}$
à Madrid.	4		$100\frac{1}{2}$

Esta Carrera no es montada que de Ecija à Madrid.	*Cette Route n'est montée que d'Ecija à Madrid.*

N°. 116.

CARRERA MONTADA	*ROUTE MONTÉE*
De Cadiz à Madrid, por Sevilla, Cordoba, Andujar y Aranjuez.	*De Cadix à Madrid, par Séville, Cordoue, Andujar et Aranjuez.*

De Cadiz à la Isla de Leon.		3
al Puerto de Santa-Maria.	3	6

Paradas. *Relais.*	Leguas.	*Lieues.*
De Cadiz al Puerto de Santa - Maria.		6
à Xeres de la Frontera.	$2\frac{1}{2}$	$8\frac{1}{2}$
à la Real Casa del Cuervo.	$3\frac{1}{2}$	12
al Ventorillo de las Torres de Locaz.	$3\frac{1}{2}$	$15\frac{1}{2}$
à Utrera.	$3\frac{1}{2}$	19
à Sevilla.	3	22
à Alcala de Guadayra.	2	24
à Mayrena.	2	26
à Carmona.	2	28
à la Venta de la Portuguesa. . . .	$2\frac{1}{2}$	$30\frac{1}{2}$
à Luisiana.	$3\frac{1}{2}$	34
à Ecija.	3	37
à la Carlota.	4	41
à Cortijo de Mango - Negro.	3	44
à Cordoba.	3	47
à la Casablanca del Rey.	$2\frac{1}{2}$	$49\frac{1}{2}$
al Carpio.	$2\frac{1}{2}$	52
à Aldea del Rio.	$3\frac{1}{2}$	$55\frac{1}{2}$
à Andujar.	$3\frac{1}{2}$	59
à la Casa del Rey.	$2\frac{1}{2}$	$61\frac{1}{2}$
à Baylen.	$2\frac{1}{2}$	64
à Guarroman.	2	66
à la Carolina.	2	68
à Santa - Elena.	2	70
à la Venta de Cardenas.	2	72
al Visillo.	2	74
à Santa - Cruz de Mudela.	2	76
à Valdepeñas.	2	78
à Nostra - Señora de la Consolacion.	2	80
à Manzanares.	2	82
à la Casa Nueva del Rey.	$2\frac{1}{2}$	$84\frac{1}{2}$
à Villaharta.	$2\frac{1}{2}$	87
al Puerto de Lapiche.	2	89
à Madridejos.	3	92
à Cañada de la Higuera.	2	94
à Tembleque.	2	96
à la Guardia.	2	98
à Ocaña.	$3\frac{1}{2}$	$101\frac{1}{2}$
à Aranjuez.	2	$103\frac{1}{2}$
à Valdemoro.	3	$106\frac{1}{2}$
à Madrid.	4	$110\frac{1}{2}$

Nº. 117.

CARRERA	ROUTE
De Cadiz à Benavente, por Sevilla, Badajoz y Salamanca.	De Cadix à Bénavente, par Séville, Badajoz et Salamanque.

	Paradas. *Relais.*	Leguas.	*Lieues.*
De Cadiz	à la Isla de Leon.		3
	al Puerto de Santa-Maria.	3	6
	à Xeres de la Frontera.	$2\frac{1}{2}$	$8\frac{1}{2}$
	à la Real Casa del Cuervo.	$3\frac{1}{2}$	12
	al Ventorillo de las Torres de Locaz.	$3\frac{1}{2}$	$15\frac{1}{2}$
	à Utrera.	$3\frac{1}{2}$	19
	à Sevilla.	3	22
	à Santiponce.	1	23
	à la Venta de Guillena.	3	26
	à Ronquillo.	3	29
	à Santa - Olalla.	4	33
	al Monasterio.	4	37
	à la Fuente de Cantos.	3	40
	à los Santos de Maymona.	4	44
	à Santa - Marta.	5	49
	à Albuera.	3	52
	à Badajoz.	4	56
	à Albuquerque.	6	62
	à Membrio.	6	68
	à Alcantara.	5	73
	à la Zarza.	3	76
	à Coria.	4	80
	à la Moraleja.	2	82
	à Gata.	3	85
	à Robleda.	6	91
	à Ciudad - Rodrigo.	5	96
	à Martin del Rio.	5	101
	à la Boveda de Castro.	5	106
	à Cabradilla.	3	109
	à Salamanca.	4	113
	à la Calzada de Don - Diego. . . .	4	117
	à la Boveda de Toro.	4	121

Paradas. *Relais.*		Leguas.	*Lieues.*
De Cadiz à la Boveda de Toro			121
à Ledesma		4	125
à Zamora		5	130
à Peñausende		5	135
à Riego		3	138
à Benavente		4	142

Esta Carrera no es montada que de Cadiz à Sevilla, y de Sevilla à Bénavente no lo es.

Cette Route n'est montée que de Cadix à Séville, et de Séville à Bénavente elle ne l'est pas.

N°. 118.

CARRERA

De Cadiz à la Coruña, por Badajoz, Benavente, Orense y Santiago.

ROUTE

Dè Cadix à la Corogne, par Badajoz, Bénavente, Orensé et Santiago.

	Leguas	Lieues
De Cadiz à Benavente. *V.* N°. 117		142
à Sitrama	3	145
à la Vega de Tera	3	148
à Mombuey	3	151
à Ramsal	3	154
à Requejo de Sanabria	3	157
à Luvian	$3\frac{1}{2}$	$160\frac{1}{2}$
à Cañizo	$3\frac{1}{2}$	164
al Novallo	3	167
à Verin	4	171
à Abavides	3	174
à Alloriz	3	177
à Orense	4	181
al Piñor	$2\frac{1}{2}$	$183\frac{1}{2}$
à Villanueva de la Gesta	4	$187\frac{1}{2}$
à Castrovite	4	$191\frac{1}{2}$
à Santiago	4	$195\frac{1}{2}$
à Carral	4	$199\frac{1}{2}$
à Paulo	3	$202\frac{1}{2}$
à la Coruña	3	$205\frac{1}{2}$

Esta Carrera no es montada de Sevilla à Benavente.

Cette Route n'est pas montée de Séville à Bénavente.

Nº. 119.

CARRERA	ROUTE
De Cadiz à la Coruña, por Badajoz, Benavente y Lugo.	De Cadix à la Corogne, par Badajoz, Bénavente et Lugo.

Paradas. *Relais.*	Leguas.	*Lieues.*
De Cadiz à Benavente. *V.* Nº. 117.		142
al Puente de la Bisana.	3	145
à la Bañeza.	4	149
à Astorga.	$3\frac{1}{2}$	$152\frac{1}{2}$
à Manzanal.	$3\frac{1}{2}$	156
à Bembibre.	$3\frac{1}{2}$	$159\frac{1}{2}$
à Cubillos.	$2\frac{1}{2}$	162
à Villafranca del Vierzo.	3	165
à Ruitalan.	4	169
à la Venta de Noceda.	$3\frac{1}{2}$	$172\frac{1}{2}$
à Becerrea.	3	$175\frac{1}{2}$
à Sobrado.	3	$178\frac{1}{2}$
à Lugo.	3	$181\frac{1}{2}$
à Valdomar. . , ...	3	$184\frac{1}{2}$
à Guitiriz.	3	$187\frac{1}{2}$
à Monte-Salgueyro.	$2\frac{1}{2}$	190
à Betanzos.	$2\frac{1}{2}$	$192\frac{1}{2}$
à la Coruña.	3	$195\frac{1}{2}$

Esta Carrera es mas corta que la precedente de 10 leguas ; pero de Sevilla à Benavente esta no es montada.	Cette Route est plus courte que la précédente de 10 lieues ; mais de Séville à Bénavente elle n'est pas montée.

N°. 120.

CARRERA	ROUTE
De Cadiz al Ferrol, por Badajoz, Benavente y Betanzos.	De Cadix au Ferrol, par Badajoz, Bénavente et Bétanzos.

Paradas. *Relais.*   Leguas. *Lieues.*

De Cadiz à Betanzos. *V.* N°. 107 . . . .   192½
         à Cavañas. 3½ 196
         al Ferrol. 2½ 198½

Esta Carrera no es montada de Sevilla à Benavente.	Cette Route n'est pas montée de Séville à Bénavente.

N°. 121.

CARRERA	ROUTE
De Cadiz à Oviedo, por Badajoz, Benavente y Leon.	De Cadix à Oviédo, par Badajoz, Bénavente et Léon.

De Cadix à Benavente. *V.* N°. 117   142
       à Villaquexida.   3   145
       à Toral de los Guzmanes.   2   147
       à Ardor. 3½ 150½
       à Leon.   3   153½
       à la Robla.   4   157½
       à Buiza.   3   160½
       à Pajares.   4   164½
       à Vega.   4   168½
       à Oviedo.   5   173½

Esta Carrera no es montada de Sevilla à Oviedo.	Cette Route n'est pas montée de Séville à Oviédo.

Nº. 122.

CARRERA MONTADA	ROUTE MONTÉE
De Lisboa à Madrid, por Badajoz , Truxillo y Talavera de la Reyna.	De Lisbonne à Madrid, par Badajoz , Truxillo et Talavera de la Reyna.

Paradas. *Relais.*	Leguas.	*Lieues.*
De Lisboa à Aldea-Gallega.		3
à los Pregones.	5	8
à las Ventas Nuevas.	3	11
à Montemor Novo.	4	15
à Arrayolos.	3	18
à la Venta del Duque.	3	21
à Estremos.	3	24
à Alcravizas. . . . . ,	2	26
à Elvas.	4	30.
à Badajoz.	3	33
à Talavera la Real.	3	36
à Perales.	3	39
à Merida.	3	42
à San-Pedro de Merida.	2	44
à la Venta de la Guia.	3	47
à Meajadas.	3	50
à las Casas del Puerto de Santa-Cruz.	3	53
à Truxillo.	3	56
à Carrascal.	2	58
à Jaraycejo.	2	60
à las Casas del Puerto de Miravete.	2	62
à Almaraz.	2	64
à Navalmoral de Plasencia.	2	66
à la Calzada de Oropesa.	4	70
à el Cañizo.	4	74
à Talavera de la Reyna.	4	78
à Casalejas.	2	80
à Seralbo.	2	82
à Maqueda.	3	85
à Santa-Cruz del Retamar.	2	87
à Valmojado.	3	90
à Navalcarnero. . . . . :	2	92

De Bayona à Navalcarnero.   92
       à Mostoles.   2   94
       à Madrid.   3   97

Nº. 123.

CARRERA MONTADA	*ROUTE MONTÉE*
De Badajoz à Madrid, por Truxillo y Talavera de la Reyna.	*De Badajoz à Madrid, par Truxillo et Talavera de la Reyna.*

De Badajoz à Talavera la Real.   3
       à Perales. 3   6
       à Merida. 3   9
       à San-Pedro de Merida. 2   11
       à la Venta de la Guia. 3   14
       à Meajadas. 3   17
       à las Casas del Puerto de Santa-Cruz. 3   20
       à Truxillo. 3   23
       à Carrascal. 2   25
       à Jaraycejo. 2   27
       à las Casas del Puerto de Miravete. . 2   29
       à Almaraz. 2   31
       à Navalmoral de Plasencia. 2   33
       à la Calzada de Oropesa. 4   37
       à el Cañizo. 4   41
       à Talavera de la Reyna. 4   45
       à Casalejas. 2   47
       à Seralbo. 2   49
       à Maqueda. 3   52
       à Santa-Cruz del Retamar. 2   54
       à Valmojado. 3   57
       à Navalcarnero. 2   59
       à Mostoles. 2   61
       à Madrid. 3   64

Nº. 124.

CARRERA	ROUTE
De Alcantara à Madrid , por Plasencia , Almaraz y Talavera de la Reyna.	D'Alcantara à Madrid , par Plasencia, Almaraz et Talavera de la Reyna.

Paradas. Relais.	Leguas.	Lieues.
De Alcantara à la Zarza.		3
à Coria.	4	7
à Galisteo.	5	12
à Plasencia.	3	15
à Malpartida.	1	16
à la Venta de la Vazabona. . . .	3	19
à Almaraz.	4	23
à Navalmoral de Plasencia. . . .	2	25
à la Calzada de Oropesa.	4	29
à el Cañizo.	4	33
à Talavera de la Reyna.	4	37
à Casalejas.	2	39
à Seralbo.	2	41
à Maqueda.	3	44
à Santa-Cruz del Retamar. . . .	2	46
à Valmojado.	3	49
à Navalcarnero.	2	51
à Mostoles.	2	53
à Madrid.	3	56

Esta Carrera no es montada que de Almaraz à Madrid.	Cette Route n'est montée que d'Almaraz à Madrid.

Nº. 125.

CARRERA	ROUTE
De Ciudad - Rodrigo à Madrid, por Salamanca y Arevalo.	De Ciudad - Rodrigo à Madrid, par Salamanque et Arévalo.

	Leguas.	Lieues.
De Ciudad-Rodrigo à Martin del Rio.		5
à la Boveda de Castro. . . .	5	10

Paradas. *Relais.*	Leguas.	Lieues.
De Ciudad-Rodrigo à la Boveda de Castro. . . .		10
à Cabradilla.	3	13
à Salamanca.	4	17
à Villoria.	5	22
à Arcajo de las Torres. . . .	5	27
à Arevalo.	5	32
à Adanero.	3	35
à Labajos.	2	37
à Villacastin.	2	39
à la Fonda de San-Rafael. . .	3	42
à Guadarrama.	$2\frac{1}{2}$	$44\frac{1}{2}$
à Galapagar.	3	$47\frac{1}{2}$
al Puente del Retamar. . .	$2\frac{1}{2}$	50
à Abulagas.	2	52
à Madrid.	2	54

Esta Carrera no es montada que de Arevalo à Madrid.	*Cette Route n'est montée que d'Arévalo à Madrid.*

Nº. 126.

CARRERA	ROUTE
De Salamanca à Madrid, por Arevalo.	*De Salamanque à Madrid, par Arévalo.*

	Leguas.	Lieues.
De Salamanca à Villoria.		5
à Orcajo.	5	10
à Arevalo.	5	15
à Adanero.	3	18
à Labajos.	2	20
à Villacastin.	2	22
à la Fonda de San-Rafael. . . .	3	25
à Guadarrama.	$2\frac{1}{2}$	$27\frac{1}{2}$
à Galapagar.	3	$30\frac{1}{2}$
al Puente del Retamar.	$2\frac{1}{2}$	33
à Abulagas.	2	35
à Madrid.	2	37

Esta Carrera no es montada que de Arevalo à Madrid.	*Cette Route n'est montée que d'Arévalo à Madrid.*

N°. 127.

CARRERA	ROUTE
De Zamora à Madrid, por Medina del Campo y Arevalo.	De Zamora à Madrid, par Médina del Campo et Arévalo.

Paradas. *Relais.*	Leguas.	*Lieues.*
De Zamora à Toro.		5
à la Vega de Valdetroncos.	3	8
à Tordesillas.	2	10
à Rueda.	2	12
à Medina del Campo.	2	14
à Ataquines.	3	17
à Arevalo.	3	20
à Adanero.	3	23
à Labajos.	2	25
à Villacastin.	2	27
à la Fonda de San-Rafael.	3	30
à Guadarrama.	$2\frac{1}{2}$	$32\frac{1}{2}$
à Galapagar.	3	35
al Puente del Retamar.	$2\frac{1}{2}$	38
à Abulagas.	2	40
à Madrid.	2	42

Esta Carrera no es montada que de la Vega de Valdetroncos à Madrid.	*Cette Route n'est montée que de la Campagne de Valdetroncos à Madrid.*

N°. 128.

CARRERA MONTADA	ROUTE MONTÉE
De la Coruña à Madrid, por Orense, Benavente y Medina del Campo.	De la Corogne à Madrid, par Orensé, Bénavente et Médina del Campo.

	Leguas	Lieues
De la Coruña à Paulo.		2
à Carral.	3	6
à Santiago.	4	10

Paradas. *Relais.*	Leguas.	*Lieues.*
De la Coruña à Santiago.		10
à Castrovite.	4	14
à Villanueva de la Gesta.	4	18
al Piñor.	4	22
à Orense.	$2\frac{1}{2}$	$24\frac{1}{2}$
à Alloriz.	4	$28\frac{1}{2}$
à Abavides.	3	$31\frac{1}{2}$
à Verin. . . . . : . .	3	$34\frac{1}{2}$
al Novallo.	4	$38\frac{1}{2}$
à Cañizo.	3	$41\frac{1}{2}$
à Luvian.	$3\frac{1}{2}$	45
à Requejo de Sanabria.	$3\frac{1}{2}$	$48\frac{1}{2}$
à Remesal.	3	$51\frac{1}{2}$
à Mombuey.	3	$54\frac{1}{2}$
à la Vega de Tera.	3	$57\frac{1}{2}$
à Sitrama.	3	$60\frac{1}{2}$
à Benavente.	3	$63\frac{1}{2}$
à San-Esteban del Molar.	2	$65\frac{1}{2}$
à Villalpando.	2	$67\frac{1}{2}$
al Villar de Frades.	4	$71\frac{1}{2}$
à la Vega de Valdetroncos. . . .	3	$74\frac{1}{2}$
à Tordesillas.	2	$76\frac{1}{2}$
à Rueda.	2	$78\frac{1}{2}$
à Medina del Campo.	2	$80\frac{1}{2}$
à Ataquines.	3	$83\frac{1}{2}$
à Arevalo.	3	$86\frac{1}{2}$
à Adanero.	3	$89\frac{1}{2}$
à Labajos.	2	$91\frac{1}{2}$
à Villacastin.	2	$93\frac{1}{2}$
à la Fonda de San-Rafael. . . .	3	$96\frac{1}{2}$
à Guadarrama.	$2\frac{1}{2}$	99
à Galapagar.	3	102
al Puente del Ratamar.	$2\frac{1}{2}$	$104\frac{1}{2}$
à Abulagas.	2	$106\frac{1}{2}$
à Madrid.	2	$108\frac{1}{2}$

N°. 129.

CARRERA MONTADA	ROUTE MONTÉE
De la Coruña à Madrid, por Lugo, Benavente y Medina del Campo.	*De la Corogne à Madrid, par Lugo, Bénavente et Médina del Campo.*

Paradas. *Relais.*	Leguas.	*Lieues.*
De la Coruña à Betanzos.		3
à Monte Salgueyro.	$2\frac{1}{2}$	$5\frac{1}{2}$
à Guitiriz.	$2\frac{1}{2}$	8
à Valdomar.	3	11
à Lugo.	3	14
à Sobrado.	3	17
à Becerrea.	3	20
à la Venta de Noceda.	3	23
à Ruitalan.	$3\frac{1}{2}$	$26\frac{1}{2}$
à Villafranca del Vierzo.	4	$30\frac{1}{2}$
à Cubillos.	3	$33\frac{1}{2}$
à Bembibre.	$2\frac{1}{2}$	36
à Manzanal.	$3\frac{1}{2}$	$39\frac{1}{2}$
à Astorga.	$3\frac{1}{2}$	43
à la Bañeza.	$3\frac{1}{2}$	$46\frac{1}{2}$
al Puente de la Bisana.	4	$50\frac{1}{2}$
à Benavente.	3	$53\frac{1}{2}$
à San-Esteban del Molar.	2	$55\frac{1}{2}$
à Villalpando.	2	$57\frac{1}{2}$
al Villar de Frades.	4	$61\frac{1}{2}$
à la Vega de Valdetroncos. . .	3	$64\frac{1}{2}$
à Tordesillas.	2	$66\frac{1}{2}$
à Rueda.	2	$68\frac{1}{2}$
à Medina del Campo.	2	$70\frac{1}{2}$
à Ataquines.	3	$73\frac{1}{2}$
à Arevalo.	3	$76\frac{1}{2}$
à Adanero.	3	$79\frac{1}{2}$
à Labajos.	2	$81\frac{1}{2}$
à Villacastin.	2	$83\frac{1}{2}$
à la Fonda de San - Rafael. . .	3	$86\frac{1}{2}$
à Guadarrama.	$2\frac{1}{2}$	89

Paradas. *Relais.*	Leguas.	*Lieues.*
De la Coruña à Guadarrama.		89
à Galapagar.	3	92
al Puente del Retamar.	2 ½	94 ½
à Abulagas.	2	96 ½
à Madrid.	2	98 ½

⸏ Esta Carrera es mas corta de 10 leguas que la precedente.	*Cette Route est plus courte de 10 lieues que la précédente.*

Nº. 130.

CARRERA MONTADA	*ROUTE MONTÉE*
Del Ferrol à Madrid, por Lugo , Benavente y Medina del Campo.	*Du Ferrol à Madrid, par Lugo , Bénavente et Médina del Campo.*

	Leguas	Lieues
Del Ferrol à Cavanas.		2 ½
à Betanzos.	3 ½	6
à Monte Salgueyro.	2 ½	8 ½
à Guitiriz.	2 ½	11
à Valdomar.	3	14
à Lugo.	3	17
à Sobrado.	3	20
à Becerrea.	3	23
à la Venta de Noceda.	3	26
à Ruitalan.	3 ½	29 ½
à Villafranca del Vierzo.	4	33 ½
à Cubillos.	3	36 ½
à Bembibre.	2 ½	39
à Manzanal.	3 ½	42 ½
à Astorga.	3 ½	46
à la Bañeza.	3 ½	49 ½
al Puente de la Bisana.	4	53 ½
à Benavente.	3	56 ½
à San-Esteban del Molar.	2	58 ½
à Villalpando.	2	60 ½
al Villar de Frades.	4	64 ½
à la Vega de Valdetroncos.	3	67 ½
à Tordesillas.	2	69 ½

Paradas. *Relais.*		Leguas,	*Lieues.*
Del Ferrol à Tordesillas.			69 ½
à Rueda.		2	71 ½
à Medina del Campo.		2	73 ½
à Ataquines.		3	76 ½
à Arevalo.		3	79 ½
à Adanero.		3	82 ½
à Labajos.		2	84 ½
à Villacastin.		2	86 ½
à la Fonda de San-Rafael.		3	89 ½
à Guadarrama.		2 ½	92
à Galapagar.		3	95
al Puente del Retamar.		2 ½	97 ½
à Abulagas.		2	99 ½
à Madrid.		2	101 ½

N°. 131.

CARRERA	ROUTE
De Oviedo à Madrid, por Leon , Benavente y Medina del Campo.	*D'Oviédo à Madrid, par Léon , Bénavente et Médina del Campo.*

De Oviedo à Vega		5
à Pajares.	4	9
à Buiza.	4	13
à la Robla.	3	16
à Leon.	4	20
à Ardor.	3	23
à Toral de los Guzmanes.	3 ½	26 ½
à Villaquexida.	2	28 ½
à Benavente.	3	31 ½
à San-Esteban del Molar.	2	33 ½
à Villalpando.	2	35 ½
al Villar de Frades.	4	39 ½
à la Vega de Valdetroncos.	3	42 ½
à Tordesillas.	2	44 ½
à Rueda.	2	46 ½
à Medina del Campo.	2	48 ½
à Ataquines.	3	51 ½

Paradas. *Relais.*		Leguas.	*Lieues.*
De Oviedo à Ataquines.			$51\frac{1}{2}$
à Arevalo.	3		$54\frac{1}{2}$
à Adanero.	3		$57\frac{1}{2}$
à Labajos.	2		$59\frac{1}{2}$
à Villacastin.	2		$61\frac{1}{2}$
à la Fonda de San-Rafael.	3		$64\frac{1}{2}$
à Guadarrama.	$2\frac{1}{2}$		67
à Galapagar.	3		70
al Puente del Retamar.	$2\frac{1}{2}$		$72\frac{1}{2}$
à Abulagas.	2		$74\frac{1}{2}$
à Madrid.	2		$76\frac{1}{2}$

Esta Carrera no es montada que de Benavente à Madrid.	*Cette Route n'est montée que de Bénavente à Madrid.*

N°. 132.

CARRERA MONTADA	*ROUTE MONTÉE*
De Santander à Madrid, por Reynosa, Burgos, Valladolid y Segovia.	*De Santander à Madrid, par Reynosa, Burgos, Valladolid et Ségovie.*

Paradas.	Leguas.	Lieues.
De Santander à Torrelavega.		4
à Molledo.	4	8
à Reynosa.	4	12
à Canduela.	4	16
à Basconcillos.	4	20
à Guermeces.	5	25
à Burgos.	4	29
à Celada.	4	33
à Villaodrigo.	4	37
à Torrequemada.	4	41
à Baños.	3	44
à la Venta de Trigueros.	3	47
à Valladolid.	4	51
à Valdesillas.	4	55
à Olmedo.	4	59
à Belleguillo.	2	61

Paradás. *Relais.*	Leguas.	*Lieues.*
De Santander à Belleguillo.		61
à las Navas de Coca.	2	63
à Santa-Maria de la Nieve.	2	65
à Garcillano.	3	68
à Segovia.	2	70
à Otero de Herreros.	3	73
à la Fonda de San-Rafael. . . .	2	75
à Guadarrama.	$2\frac{1}{2}$	$77\frac{1}{2}$
à Galapagar.	3	$80\frac{1}{2}$
al Puente del Retamar.	$2\frac{1}{2}$	83
à Abulagas.	2	85
à Madrid.	2	87

Nº. 133.

CARRERA MONTADA	*ROUTE MONTÉE*
De Santander à Madrid, por Burgos y Aranda de Duero.	*De Santander à Madrid, par Burgos et Aranda de Duero.*

	Leguas	Lieues
De Santander à Torrelavega.		4
à Molledo.	4	8
à Reynosa.	4	12
à Canduela.	4	16
à Basconcillos.	4	20
à Guermeces.	5	25
à Burgos.	4	29
à Sarracin.	2	31
à Madrigalejo.	3	34
à Lerma.	$2\frac{1}{2}$	$36\frac{1}{2}$
à Bahabon.	3	$39\frac{1}{2}$
à Gumiel de Izan.	2	$41\frac{1}{2}$
à Aranda de Duero.	2	$43\frac{1}{2}$
à la Onrubia.	3	$46\frac{1}{2}$
à Fresnillo de la Fuente.	3	$49\frac{1}{2}$
à Castillejo.	$2\frac{1}{2}$	52
à Somosierra.	3	55
à Buytrago.	3	58

Paradas. *Relais.*		Leguas.	*Lieues.*
De Santander à Buytrago.			58
à Cabanillas.		4	62
à San-Agustin.		3	65
à Alcobendas.		3½	68½
à Madrid.		3	71½

Nº. 134.

CARRERA MONTADA	ROUTE MONTÉE
De Bilbao à Madrid, por Burgos, Valladolid y Segovia.	De Bilbao à Madrid, par Burgos, Valladolid et Ségovie.

De Bilbao à Llodio.			2
à Amurio.		2	4
à Orduña.		2	6
à la Venta del Hambre.		1	7
à Berguenda.		4	11
à Miranda de Ebro.		3	14
à Pancorbo.		3½	17½
à Briviesca.		4½	22
al Monasterio de Rodilla.		3½	25½
à Burgos.		4½	30
à Celada.		4	34
à Villaodrigo.		4	38
à Torrequemada.		4	42
à Baños.		3	45
à Trigueros.		3	48
à Valladolid.		4	52
à Valdesillas.		4	56
à Olmedo.		4	60
à Belleguillo.		2	62
à las Navas de Coca.		2	64
à Santa-Maria de la Nieve.		2	66
à Garcillano.		3	69
à Segovia.		2	71
à Otero de Herreros.		3	74
à la Fonda de San-Rafael.		2	76

Paradas. *Relais.*		Leguas.	Lieues.
De Bilbao à la Fonda de San-Rafael.			76
à Guadarrama.		$2\frac{1}{2}$	$78\frac{1}{2}$
à Galapagar.		3	$81\frac{1}{2}$
al Puente del Ratamar.		$2\frac{1}{2}$	84
à Abulagas.		2	86
à Madrid.		2	88

Nº. 135.

CARRERA MONTADA	ROUTE MONTEE
De Bilbao à Madrid, por Burgos y Aranda de Duero.	De Bilbao à Madrid, par Burgos et Aranda de Duero.

	Leguas.	Lieues.
De Bilbao à Llodio.		2
à Amurio.	2	4
à Orduña.	2	6
à la Venta del Hambre.	1	7
à Berguenda.	4	11
à Miranda de Ebro.	3	14
à Pancorbo.	$3\frac{1}{2}$	$17\frac{1}{2}$
à Briviesca.	4	22
al Monasterio de Rodilla.	$3\frac{1}{2}$	$25\frac{1}{2}$
à Burgos.	$4\frac{1}{2}$	30
à Sarracin.	2	32
à Madrigalejo.	3	35
à Lerma.	$2\frac{1}{2}$	$37\frac{1}{2}$
à Bahabon.	3	$40\frac{1}{2}$
à Gumiel de Izan.	2	$42\frac{1}{2}$
à Aranda de Duero.	2	$44\frac{1}{2}$
à la Onrubia.	3	$47\frac{1}{2}$
à Fresnillo de la Fuente.	3	$50\frac{1}{2}$
à Castillejo.	$2\frac{1}{2}$	53
à Somosierra.	3	56
à Buytrago.	3	59
à Cabanillas.	4	63
à San-Agustin.	3	66
à Alcobendas.	$3\frac{1}{2}$	$69\frac{1}{2}$
à Madrid.	3	$72\frac{1}{2}$

N°. 136.

CARRERA MONTADA	ROUTE MONTEÉ
De San-Sebastian à Madrid, por Burgos, Valladolid y Segovia.	De Saint-Sébastien à Madrid, par Burgos, Valladolid et Ségovie.

De San-Sebastian à Urnieta........		2
à Tolosa...........	3	5
à Villafranca de Guipuscoa.	3	8
à Villareal de Urrechu...	3	11
à Bergara..........	2	13
à Mondragon........	2½	15½
à Salinas..........	2	17½
à Gamboa..........	2	19½
à Victoria..........	2	21½
à la Puebla de Arganzon..	3	24½
à Miranda de Ebro.....	3	27½
à Pancorbo.........	3½	31
à Briviesca.........	4½	35½
al Monasterio de Rodilla...	3½	39
à Burgos..........	4½	43½
à Celada..........	4	47½
à Villaodrigo........	4	51½
à Torrequemada......	4	55½
à Baños..........	3	58½
à Trigueros........	3	61½
à Valladolid........	4	65½
à Valdesillas........	4	69½
à Olmedo..........	4	73½
à Belleguillo........	2	75½
à las Navas de Coca....	2	77½
à Santa-Maria de la Nieve..	2	79½
à Garciliano........	3	82½
à Segovia..........	2	84½
à Otero de Herreros....	3	87½
à la Fonda de San-Rafael...	2	89½
à Guadarrama........	2½	92

De San-Sebastian à Guadarrama.		92
à Galapagar.	3	95
al Puente del Retamar. . .	2½	97½
à Abulagas.	2	99½
à Madrid.	2	101½

N°. 137.

CARRERA MONTADA	*ROUTE MONTEE*
De San-Sebastian à Madrid, por Miranda de Ebro, Burgos et Aranda de Duero.	*De Saint-Sébastien à Madrid, par Miranda de Ebro, Burgos et Aranda de Duero.*

De San-Sebastian à Urnieta.		2
à Tolosa	3	5
à Villafranca de Guipuscoa.	3	8
à Villareal de Urrechu. . .	3	11
à Bergara.	2	13
à Mondragon.	2½	15½
à Salinas.	2	17½
à Gamboa.	2	19
à Victoria.	2	21
à la Puebla de Arganzon. . .	3	24
à Miranda de Ebro.	3	27
à Pancorbo.	3½	31
à Briviesca.	4½	35½
al Monasterio de Rodilla...	3½	39
à Burgos	4½	43½
à Sarracin.	2	45½
à Madrigalejo.	3	48½
à Lerma.	2½	51
à Bahabon.	3	54
à Gumiel de Izan.	2	56
à Aranda de Duero.	2	58
à la Onrubia.	3	61
à Fresnillo de la Fuente...	3	64
à Castillejo.	2½	66½

Paradas. *Relais.*		Leguas.	*Lieues.*
De San-Sebastian à Castillejo.			$66\frac{1}{2}$
à Somosierra.		3	$69\frac{1}{2}$
à Buytrago.		3	$72\frac{1}{2}$
à Cabanillas.		4	$76\frac{1}{2}$
à San-Agustin.		3	$79\frac{1}{2}$
à Alcobendas.		$3\frac{1}{2}$	83
à Madrid.		3	86

F I N.

	TABLA	TABLE
	ALPHABETICA	ALPHABÉTIQUE

De las Carreras princi-pales y de todas las Paradas que se hallan en ellas, con los nu-meros de aquellas, en las quales ellos se hallen, como tambien la distancia en leguas de Madrid en cada uno de los quales (1).

Des Routes principales et de tous les Relais qui y sont situés, avec les numéros de celles où ils se trouvent, ainsi que la distance en lieues de Madrid à chacun d'eux (1).

Numeros de las Carreras. *Numéros des Routes.*		Leguas. *Lieues.*
83	Abavides.	77
24	Abulagas.	2
26	Adanero.	19
27	Adredas.	32½
27	Agreda.	47
59	Albacete.	40
79	Albuquerque.	67
62	Alcala de Guadayra.	86½
65	Alcala la Real.	63½
81	ALCANTARA.	56
42	Alcarraz.	78
65	Alcaudete.	60½
25	Alcobendas.	3
55	Alcover.	96½
71	Alcravizas.	71

(1) Los nombres escritos en la presente Tabla con letras Magúsculas indican las Ciudades por las quales hay Carreras directos en saliendo de Madrid.

(1) Les noms écrits dans la présente Table en lettres Majuscules, désignent les Villes pour lesquelles il y a des Routes directes à partir de Madrid.

Numeros de las Carreras. *Numéros des Routes.*		Leguas. *Lieues.*
27	Bujarrabal.	25
35	Burgos, por Segovia (par Ségovie). . . .	58
36	Burgos, por (par) Medina del Campo. . .	58
37	Burgos, por (par) Aranda de Duero. . . .	42
25	Cabanillas.	$9\frac{1}{2}$
97	Cabradilla.	41
62	Cadiz.	$110\frac{1}{2}$
42	Calatayud.	$41\frac{1}{2}$
71	Calzada de Oropesa.	27
52	Cambrils.	$91\frac{1}{2}$
48	Campfranc.	80
42	Candasnos.	71
33	Canduela.	71
62	Cañada de la Higuera.	$16\frac{1}{2}$
71	Cañizo.	23
83	Cañizo.	67
62	Carlota.	$69\frac{1}{2}$
62	Carmona.	$82\frac{1}{2}$
62	Carolina (Caroline).	$42\frac{1}{2}$
62	Carpio.	$58\frac{1}{2}$
83	Carral.	$102\frac{1}{2}$
71	Carrascal.	39
59	Cartagena (Cartagène).	$73\frac{1}{2}$
62	Casablanca del Rey (Maison blanche du Roi).	61
15	Casa (Maison) de Arabere.	11
15	Casa de los Padres de San-Pedro Martir (Maison des Pères de Saint-Pierre Martyr)..	13
62	Casa del Rey (Maison du Roi).	49
62	Casa nueva del Rey (Maison neuve du Roi)..	26
71	Casalejas.	17
71	Casas del Puerto (Maisons du Port) de Miravete.	35
71	Casas del Puerto (Maisons du Port) de Santa-Cruz.	44
52	Castellon de la Plana.	$64\frac{1}{2}$
42	Castel-Oli.	$99\frac{1}{2}$
25	Castillejo.	$19\frac{1}{2}$
52	Castillejo de Iniesta	$32\frac{1}{2}$
15	Castillejo de Aranjuez.	9

Numeros de las Carreras. *Numéros des Routes.*		Leguas. *Lieues.*
1	Castrejones.	12
83	Castrovite.	$94\frac{1}{2}$
52	Caudete.	$39\frac{1}{2}$
84	Cavanas.	99
24	Celada.	54
27	Centruenigo.	52
86	Cerdedo.	93
42	Cervera.	90
42	Cetina.	35
97	CIUDAD - RODRIGO, por Salamanca (par Salamanque).	54
98	CIUDAD-RODRIGO, por (par) Talavera de la Reyna.	65
88	Codesas.	93
67	CORDOBA (Cordoue).	$63\frac{1}{2}$
79	Coria.	49
62	Cortijo de Mango - Negro.	$66\frac{1}{2}$
82	CORUNA , por (Corogne, par) Lugo.	$98\frac{1}{2}$
83	CORUNA , por (Corogne, par) Orense.	$108\frac{1}{2}$
14	Convento del (Couvent du) Castañar.	22
82	Cubillos.	65
14	Cuerva.	20
58	Cullera.	$59\frac{1}{2}$
58	DENIA.	$66\frac{1}{2}$
62	Ecija.	$73\frac{1}{2}$
3	ESCORIAL (Escurial).	$8\frac{1}{2}$
71	Estremos.	73
71	Elvas.	67
84	FERROL.	$101\frac{1}{2}$
42	Figueras , por Zaragoza (Figuières, par Saragosse).	$132\frac{1}{2}$
52	Figueras, por Valencia (Figuières, par Valence).	$131\frac{1}{2}$
42	Fonda del (Hôtellerie du) Codul.	102
24	Fonda de San - Rafael (Hôtellerie de Saint-Raphaël).	12
1	Fonda de la Trinidad (Hôtellerie de la Trinité).	6
42	Fraga.	75

Numeros de las Carreras. *Numéros des Routes.*		Leguas *Lieues.*
71	Jaraycejo.	37
55	Juñeda.	109 ½
42	Junquera, por Zaragoza (Jonquières, par Saragosse. . . .	135 ½
52	Junquera, por Valencia (Jonquières, par Valence. . . .	134 ½
26	Labajos.	17
27	Lanz.	73
92	Leon.	56 ½
49	Lerida, por Zaragoza (par Saragosse). . . .	80
55	Lerida, por Valencia (par Valence)	111 ½
25	Lerma.	35
63	Linares.	48 ½
71	Lisboa (Lisbonne).	97
76	Llerena.	71
42	Llinas, por Zaragoza (par Saragosse). . . .	116
52	Llinas, por Valencia (par Valence).	115
30	Llodio.	86
59	Lobosillo.	70 ½
27	Lodares.	27 ½
59	Lorqui.	61 ½
66	Lucena.	63 ½
84	Lugo.	84 ½
62	Luisiana.	76 ½
83	Luvian.	63 ½
62	Madridejos.	18 ½
25	Madrigalejo.	37 ½
66	Malaga.	78 ½
42	Mallorquinas, por Zaragoza (par Saragosse)..	123 ½
52	Mallorquinas, por Valencia (par Valence). . .	122 ½
79	Malpartida.	40
82	Manzanal.	59
62	Manzanares.	28 ½
71	Maqueda.	12
27	Marcilla.	59
97	Martin del Rio.	49
42	Martorell.	105

Numeros de
las Carreras.

Numéros des
Routes.

Leguas.
Lieues.

		Leguas.
62	Nostra-Señora de la Consolacion (Notre-Dame de la Consolation)...	$30\frac{1}{2}$
52	Nules.	$61\frac{1}{2}$
62	Ocaña.	9
52	Olivares.	$23\frac{1}{2}$
24	Olmedo.	28
48	OLERON.	90
25	Onrubia.	25
59	Ontanaya.	19
96	Orcajo de las Torres.	27
30	Orduña.	82
89	ORENSE.	84
52	Oropesa.	$67\frac{1}{2}$
42	Osera.	62
27	Ostariz.	81
27	Ostiz.	71
68	Osuna.	$78\frac{1}{2}$
24	Otero de Herreros.	14
27	Otriz.	$65\frac{1}{2}$
91	OVIEDO.	$76\frac{1}{2}$
24	Oyarzun.	103
91	Pajares.	$67\frac{1}{2}$
46	PAMPLONA (Pamplune).	69
42	Panadella.	$92\frac{1}{2}$
24	Pancorbo.	$70\frac{1}{2}$
4	PARDO.	2
83	Paulo.	$105\frac{1}{2}$
71	Perales.	58
52	Perales de Tajuna.	6
42	PERPIÑAN , por Zaragosa (Perpignan, par Saragosse. . . .	$142\frac{1}{2}$
52	PERPIÑAN , por Valencia (Perpignan, par Valence). . . .	$141\frac{1}{2}$
52	Perello.	$85\frac{1}{2}$
83	Pinor.	$86\frac{1}{2}$
65	Pinos Puente.	68
80	PLASENCIA.	41

Numeros de
las Carreras.

Numéros des
Routes.

Leguas.

Lieues.

56	TARRAGONA, por Valencia (Tarragone, par Valence. . . .	$95\frac{1}{2}$
62	Tembleque.	$14\frac{1}{2}$
59	Tobarra.	$48\frac{1}{2}$
70	TOLEDO (Tolède).	$12\frac{1}{2}$
24	Tolosa.	$96\frac{1}{2}$
91	Toral de los Guzmanes.	50
82	Tordesillas.	32
27	Torija.	14
94	Toro.	37
52	Torreblanca.	$69\frac{1}{2}$
52	Torre den Barra.	$97\frac{1}{2}$
27	Torrejon de Ardoz.	4
33	Torrelavega.	83
76	Torremegi	57
27	Torremocha.	$22\frac{1}{2}$
24	Torrequemada.	46
65	Torre-Ximeno.	$56\frac{1}{2}$
59	Torrubia.	15
54	Tortosa (Tortose).	$80\frac{1}{2}$
74	Truxillo.	41
88	TUY.	95
63	UBEDA.	$51\frac{1}{2}$
52	Ulldecona.	$77\frac{1}{2}$
48	Urdos.	83
24	Urnieta.	$99\frac{1}{2}$
24	Urriarte.	$110\frac{1}{2}$
62	Utrera.	$91\frac{1}{2}$
62	Valdemoro.	4
62	Valdepeñas.	$32\frac{1}{2}$
24	Valdesillas.	32
82	Valdomar.	$87\frac{1}{2}$
53	VALENCIA (Valence).	$54\frac{1}{2}$
38	VALLADOLID, por Segovia (par Ségovie). . .	36
39	VALLADOLID, por (par) Medina del Campo.	36
52	Vallirana.	105
55	Valls.	$93\frac{1}{2}$
71	Valmojado.	7

Fin de la Table Alphabétique.

TABLA

De las Carreras de Comunicacion entre las Ciudades principales de las provincias de España, con la distancia del punto de partida al este de la llegada.

TABLE

Des Routes de Communication entre les Villes principales des provinces d'Espagne, avec la distance du point de départ à celui de l'arrivée.

Numeros de las Carreras. / Numéros des Routes.		Leguas. / Lieues.
9	De ARANJUEZ à Madrid.	7
10	à la Venta (auberge) de Meco.	11 ½
11	à Valmojado.	8 ½
12	à Maqueda.	12
13	à Tarancon.	10
14	al Convento de Castañar (au Couvent de Castagnar. . .	15
15	à Yebenes.	10
79 (f)	De BADAJOS à Benavente.	86
79 (b)	à Cadiz.	56
79 (c)	à Ciudad-Rodrigo.	40
79 (d)	à Salamanca (Salamanque). .	57
79 (a)	à Sevilla (Séville).	34
79 (e)	à Zamora	74
51 (a)	De BARCELONA (Barcelone) à Mataro. . .	4 ½
51 (b)	à Palma (Ile Majorque)...	50
98 (a)	De CIUDAD-RODRIGO à Benavente.	46
98 (b)	à Badajos.	40
16	Del ESCORIAL (de l'Escurial) à Madrid. . . .	8 ½
17	à Cabanillas...	8 ½
18	à Guadarrama.	2
19	à Navalcarnero.	6
65 (a)	De GRANADA (Grenade) à Motril.	15
5	De SAN-ILDEFONSO à Madrid.	14
6	à Fresnillo de la Fuente.	14
7	à Villacastin.	7
8	à Mostoles.	16

|
|---|---|---|
| 66 (a) | De Malaga à Marbella. . . . . | 5 |
| 61 (a) | De Murcia (Murcie) à Alicante. . . . . . . | 12 |
| 61 (b) | à Granada (Grenade). | 46 |
| 61 (c) | à Motril. . . . . | 61 |
| 61 (d) | à Andujar. . . . . . | 66 |
| 91 (a) | De Oviedo à Aviles. . . . . | 5 |
| 91 (a) | à Gijon. . . . . | 5 |
| 20 | Del (du) Pardo à Madrid. . . . . | 2 |
| 21 | à Alcobendas. . . . . . . | 3 |
| 22 | al Puente del (au Pont du) Retamar. . . . . | $2\frac{1}{2}$ |
| 23 | à Mostoles. . . . . | $5\frac{1}{2}$ |
| 96 (a) | De Salamanca à Benavente. . . . . | 29 |
| 96 (b) | à Ciudad-Rodrigo. . . . . | 17 |
| 96 (c) | à Sevilla (Séville). . . . | 91 |
| 96 (d) | à Cadiz. . . . . | 113 |
| 68 (a) | De San-Roque à Algeciras. . . . . | 2 |
| 68 (a) | à Ceuta. . . . . | 5 |
| 68 (b) | à Gibraltar. . . . . | 2 |
| 95 (c) | De Santander (Saint-André) à Santona. | 5 |
| 69 (a) | De Sevilla à Badajos. . . . . | 34 |
| 69 (b) | à Lisboa (Lisbonne). . . . | 67 |
| 69 (c) | à Ciudad-Rodrigo. . . . . | 74 |
| 69 (d) | à Salamanca (Salamanque). | 91 |
| 69 (e) | à Zamora. . . . . | 108 |
| 69 (f) | à Benavente. . . . . | 120 |
| 48 (a) | De Zaragoza à Tudela (Tudéle). . . . | 18 |
| 48 (b) | à Barbastro. . . . . | 21 |
| 48 (c) | à Valencia (Valence). . . | $56\frac{1}{2}$ |
| 70 (a) | De Toledo (Tolède) à Aranjuez. . . . . | 6 |
| 70 (b) | à Maqueda. . . . . . | 6 |
| 70 (c) | à Madridejos. . . . . | 10 |
| 70 (d) | à Orgaz. . . . . . . | 5 |
| 53 (a) | De Valencia à Zaragoza (Saragosse). . . | $56\frac{1}{2}$ |
| 58 (a) | à Murcia (Murcie). . . . | 35 |
| 58 (b) | à Cartagena (Cartagène)... | 44 |
| 58 (c) | à Granada (Grenade). . . | 81 |
| 58 (d) | à Motril. . . . . | 96 |
| 58 (e) | à Andujar. . . . . | 101 |

TABLA	TABLE
De las Carreras de las Ciudades fronteras y Puertos de España para ir à Madrid y à de otras principales del Reyno, con la distancia del lugar, punto de partido, al este de la llegada.	*Des Routes des Villes frontières et Ports de l'Espagne à Madrid et à d'autres principales du Royaume, avec la distance du lieu, point de départ, à celui de l'arrivée.*

Numeros de las Carreras. *Numéros des Routes.*		Leguas. *Lieues.*
124	De ALCANTARA à Madrid.	56
115	De ALGECIRAS à Madrid.	100
111	De ALICANTE à Madrid.	64
123	De BADAJOS à Madrid.	64
99	De BAYONA (Bayonne) à Madrid, por Segovia (par Ségovie).	$112\frac{3}{4}$
100	à Madrid, por (par) Aranda de Duero.	97
101	à Madrid, por (par) Medina del Campo.	$112\frac{3}{4}$
102	à Madrid, por Pamplona (par Pamplune).	83
103	à la Coruña, por (Corogne, par) Lugo.	155
104	al (au) Ferrol.	158
105	à la Coruña, par Santiago (Corogne, par Saint-Jacques).	165
134	De BILBAO à Madrid, por Segovia (par Ségovie).	88
135	à Madrid, por (par) Aranda de Duero.	$72\frac{1}{2}$
116	De Cadiz à Madrid.	$110\frac{1}{2}$
117	à Benavente.	142
118	à la Coruña, por Santiago (Corogne, par Saint-Jacques). . .	$205\frac{1}{2}$

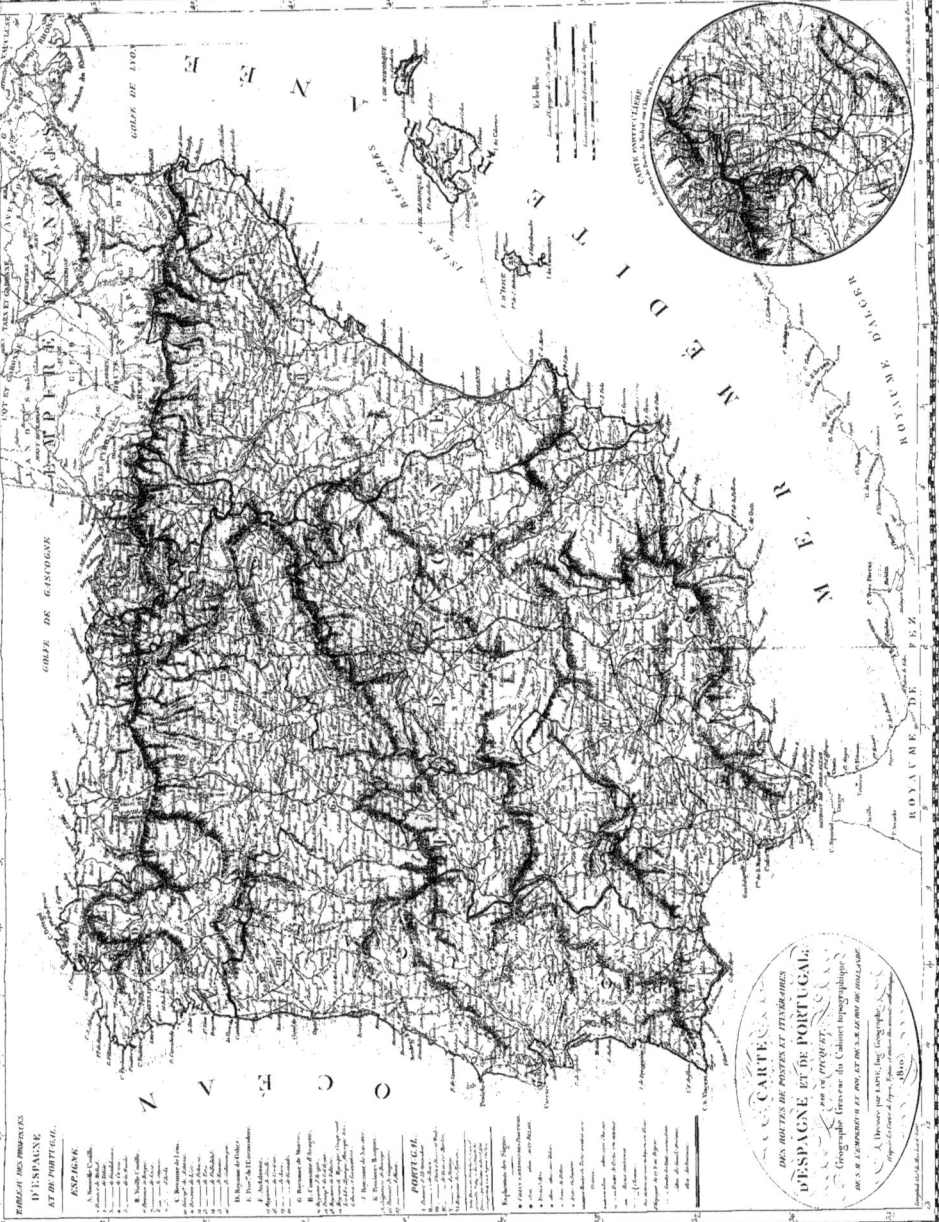

www.ingramcontent.com/pod-product-compliance
Lightning Source LLC
Chambersburg PA
CBHW070627100426
42744CB00006B/614